▶ 前 言 ◀

这是一本适合利用碎片化时间学习的职场技能类图书。

目前市面上很多职场技能类图书的内容大多偏向大全型，不太适合职场新人"碎片化"阅读。因为，对于急需提高职场技能的职场新人而言，他们并没有太多完整的时间去阅读、思考、记笔记。他们更需要的是一本能够随用随查、快速解决问题的字典型技能类图书。

为了满足职场新人的办公需求，我们精心策划并编写了本书，针对职场新人关心的痛点问题一一解答。我们希望读者无须投入过多的时间去思考、理解，翻开书就可以快速找到所需信息，及时解决工作中遇到的问题，真正实现"秒懂"。

此外，我们在介绍传统知识的基础上，对 Photoshop 中的 AI 功能进行了讲解。这些 AI 功能内置了多样的滤镜蒙版和丰富的风格预设选项，这些蒙版和预设选项能够简化后期设计中的复杂过程，轻松迅速地完成图像的创意设计。不过，鉴于 Photoshop 自身更新较为频繁，不同版本之间在部分功能名称和内置素材方面存在一定差异，建议大家依据自己所使用的版本灵活变通学习。

本书有着开本小、内容新、效果好的特点，紧紧围绕让工作变得轻松高效这一编写宗旨，根据职场新人的"刚需"来设计内容。它不仅提供了针对性的解决方案，还全面涵盖了 Photoshop 的核心功能与实用技巧，确保读者在解决问题的同时，能够深入理解背后的原理与方法，做到"知其然亦知其所以然"。

因此，本书在撰写时遵循以下两个原则。

（1）内容实用。为了保证内容的实用性，书中所列的技巧大多来源于真实的场景，汇集了职场新人最为关心的问题。同时，为了进一步提升本书的实用价值，我们还借鉴了抖音、快手平台上的一些热点技巧，并择要收录。

（2）查阅方便。为了方便读者查阅，我们将收录的技巧分类整理，使读者在看到标题的一瞬间就知道对应的知识点可以解决什么问题。

我们希望本书能够满足读者的"碎片化"学习需求，帮助读者及时解决工作中遇到的问题。

做一套图书就是打磨一套好的产品。希望"秋叶"系列图书能得到读者发自内心的喜爱及口碑推荐。

我们会在未来的创作中精益求精，与读者一起进步。

编著者

2025 年 3 月

和秋叶一起学

秒懂
创意设计

全彩印刷

PS+AI
实例精讲

秋叶　哈雷　编著

人民邮电出版社

北　京

图书在版编目（CIP）数据

秒懂创意设计：PS+AI实例精讲：全彩印刷 / 秋叶，哈雷编著. -- 北京：人民邮电出版社，2025. -- ISBN 978-7-115-67776-1

Ⅰ. TP391.413

中国国家版本馆 CIP 数据核字第 20255KT554 号

内 容 提 要

本书旨在从实际应用的角度出发，突破传统思维，根据不同的设计需求和目标受众，展现相应的设计风格和特色，使作品具有独特的魅力和吸引力。

全书精心编排 6 个章节，内容涵盖小红书设计、微信公众号宣传图设计、微信公众号内容与排版设计、网店商品营销推广图设计、抖音推广设计和抖音直播间设计等方面。书中搜集并整理了生活与工作中常见宣传图的创意设计方法，每种技巧都配有清晰的使用场景说明、详细的图文操作说明及配套练习与动画演示，全面而直观地展现 Photoshop 的强大创意设计能力。

本书紧贴初学者的认知曲线，内容由浅入深，语言表述通俗易懂，适合对 Photoshop 感兴趣的初学者阅读。

◆ 编　著　秋　叶　哈　雷

　　责任编辑　王旭丹

　　责任印制　王　郁　胡　南

◆ 人民邮电出版社出版发行　　北京市丰台区成寿寺路 11 号

　　邮编　100164　　电子邮件　315@ptpress.com.cn

　　网址　https://www.ptpress.com.cn

　　临西县阅读时光印刷有限公司印刷

◆ 开本：880×1230　1/32

　　印张：6.75　　　　　　　　　2025 年 9 月第 1 版

　　字数：187 千字　　　　　　　2025 年 9 月河北第 1 次印刷

定价：49.80 元

读者服务热线：(010)81055410　印装质量热线：(010)81055316

反盗版热线：(010)81055315

目 录

秒懂创意设计：
PS+AI
实例精讲（全彩印刷）

▶ 第 **1** 章 ◀
小红书设计：创作内容
丰富的图文作品

小红书作为当下流行的一款热门 App，深受年轻用户的喜爱。用户可以通过短视频、图文等形式记录生活笔记。本章将带领读者熟悉笔记中封面和配图的常见风格，并掌握相应的设计方法，使读者可以应用本章所学的知识完成简单的图片制作，使发布的笔记更加吸引人。

1.1 封面设计：让你的笔记脱颖而出

在信息量庞大的小红书平台上，一个设计出色的封面可以快速地传达信息，激发用户的好奇心和阅读欲望，从而吸引用户点击。

01 企业服务：如何设计简约风大字封面？

简约风大字封面在小红书笔记中是极为常见的一种风格，这种风格通常以简洁明了的文字为主体，搭配相应的图标元素，能够快速吸引用户的注意力。

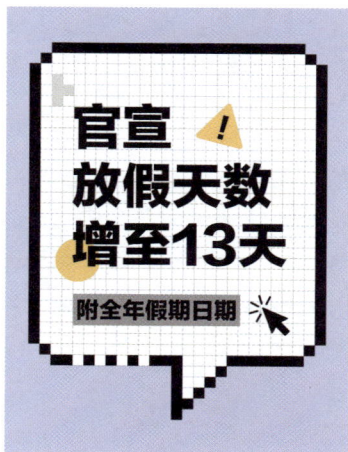

1 启动 Photoshop，按 Ctrl+N 组合键，弹出"新建文档"对话框，设置宽度为 1242 像素，高度为 1660 像素，分辨率为 72 像素 / 英寸，颜色模式为 RGB 颜色，背景内容为淡紫色（193，205，254）。单击"创建"按钮，新建文档。

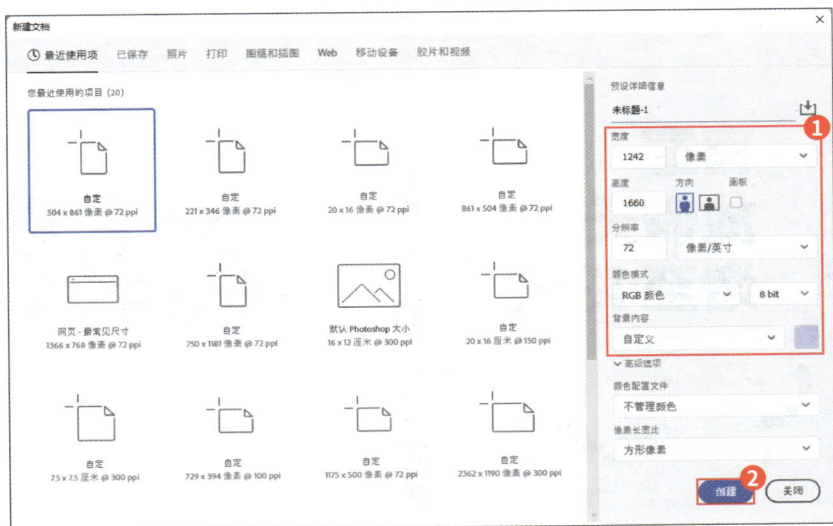

2 选择"文件 > 置入嵌入对象"命令，在弹出的对话框中选择 01 素材，再单击"置入"按钮，置入素材。

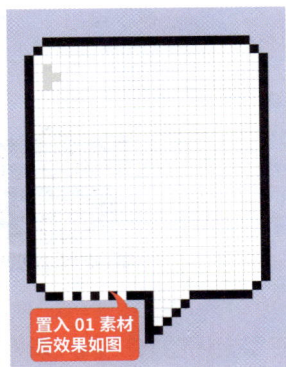

置入 01 素材
后效果如图

3 选择"横排文字工具" T.，在图像窗口中输入需要的文字。在"字符"面板中设置文字为黑色，并选择合适的字体和字号。

4 选择"椭圆工具" ○.，在属性栏的"选择工具模式"选项中选择"形状"，将填充颜色设置为橙黄色（255，202，76），然后在按住 Shift 键的同时绘制一个圆形。在"图层"面板中将"椭圆 1"图层拖曳到文字图层的下方。

5 在"图层"面板中选中文字图层。选择"三角形工具" △，在属性栏中，将圆角的半径设置为 10 像素，然后在按住 Shift 键的同时绘制一个三角形。

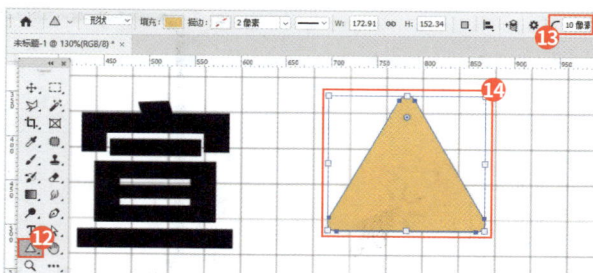

6 使用上述的方法输入需要的文字。在按住 Shift 键的同时，在"图层"面板中单击"三角形 1"图层，同时选取两个图层。按 Ctrl+T 组合键，将鼠标指针放在右上角的顶点外缘，指针变为 ↰ 形状。在按住 Shift 键的同时旋转图像到 15°。

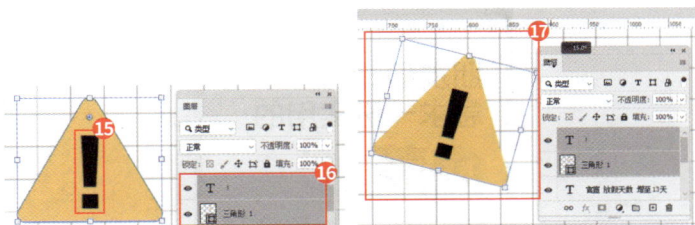

7 选择"矩形工具" ▢ ，在属性栏中，将填充颜色设置为中灰色（154，154，154），然后绘制一个矩形。

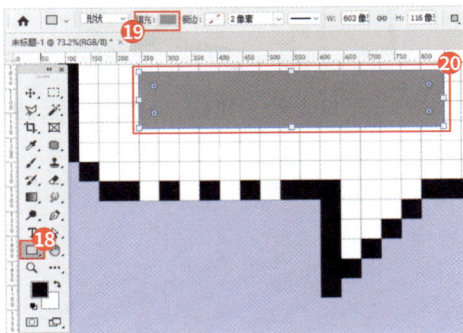

8 使用上述的方法分别输入需要的文字并置入 02 素材，即可完成简约风大字封面设计。

02　旅行攻略：如何设计个性趣味封面？

　　个性趣味的笔记封面可以展现独一无二的风格，强化用户的记忆点。这种风格通常将文字与图片相结合，并保持画面风格、色调和气氛的一致性，使整体协调美观。

1 启动 Photoshop，按 Ctrl+N 组合键，弹出"新建文档"对话框，设置宽度为 1242 像素，高度为 1660 像素，分辨率为 72 像素 / 英寸，颜色模式为 RGB 颜色，背景内容为深绿色（0，125，62）。单击"创建"按钮，新建文档。

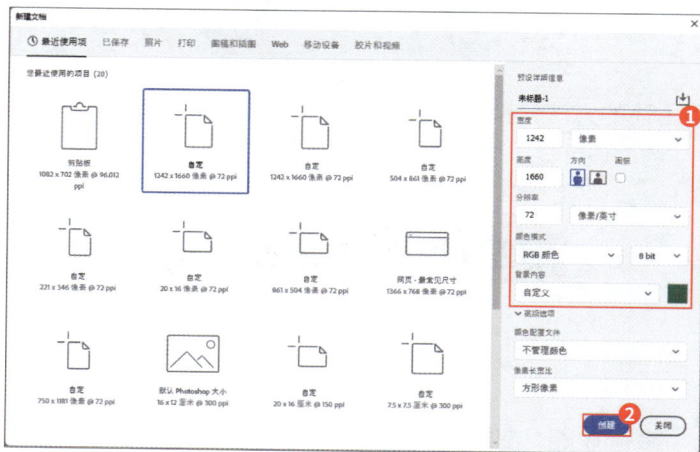

2 选择"文件 > 置入嵌入对象"命令，在弹出的对话框中选择 01 素材，再单击"置入"按钮，置入素材。使用相同的方法置入 02 素材，并将其拖曳到适当的位置。

置入 01、02 素材
后效果如图

3 选择"横排文字工具" T.，在图像窗口中输入需要的文字。在"字符"
面板中设置文字为黑色，并选择合适的字体和字号。

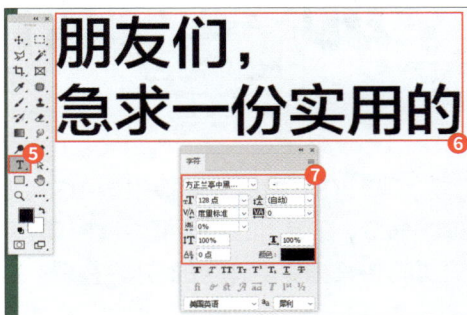

4 再次输入文字，在"字符"面板中设置文字为深绿色（0，125，
62），并选择合适的字体和字号。

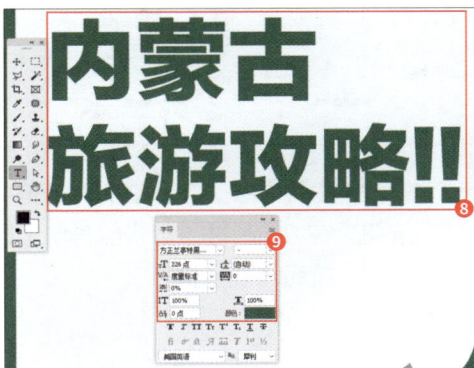

5 选择"矩形工具" ▢ ，在属性栏的"选择工具模式"选项中选择"形状"，将填充颜色设置为橙色（237，111，0），然后绘制一个矩形。在"图层"面板中将"矩形 1"图层拖曳到文字图层的下方。

6 选择"移动工具" ⊕ ，在"图层"面板中选中文字图层。选择"文件 > 置入嵌入对象"命令，在弹出的对话框中选择 03 素材，再单击"置入"按钮，置入素材，将其拖曳到适当的位置并调整大小。

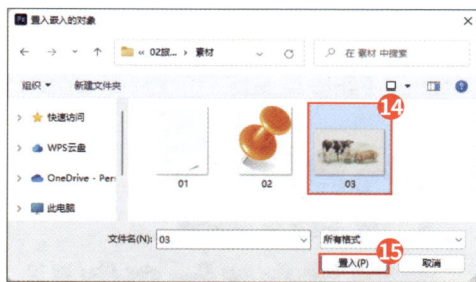

7 选择"图像 > 调整 > 曲线"命令。在弹出的对话框中单击"在图像中取样以设置白场"按钮。在 03 素材的背景部分单击鼠标左键，使背景变白。然后单击"确定"按钮，确认操作。

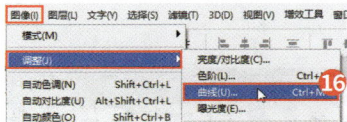

8 在"图层"面板中将 03 图层的混合模式设置为正片叠底，即可完成个性趣味封面设计。

03　好物推荐：如何设计大气时尚封面？

　　大气时尚的笔记封面通常对图片的质量要求较高，需要营造出与笔记内容相关的氛围感。这种风格通常将标题放置在醒目的位置，画面和谐搭配，保持整体感。

1 启动 Photoshop，按 Ctrl+O 组合键，在弹出的对话框中选择 01 素材，单击"打开"按钮，打开素材。

2 在"调整"面板中，单击"人像"选项组中的"较暗"，为图像调色并生成调整图层。

3 选择"文件 > 置入嵌入对象"命令，在弹出的对话框中选择 02 素材，再单击"置入"按钮，置入素材。

4 将其拖曳到适当的位置并调整大小。然后单击"移除背景"按钮，抠出人物。

5 单击"图层"面板下方的"添加图层样式"按钮 *fx* ，选择"描边"命令，在弹出的对话框中将描边颜色设置为白色，其他选项的设置如图所示，然后单击"确定"按钮。

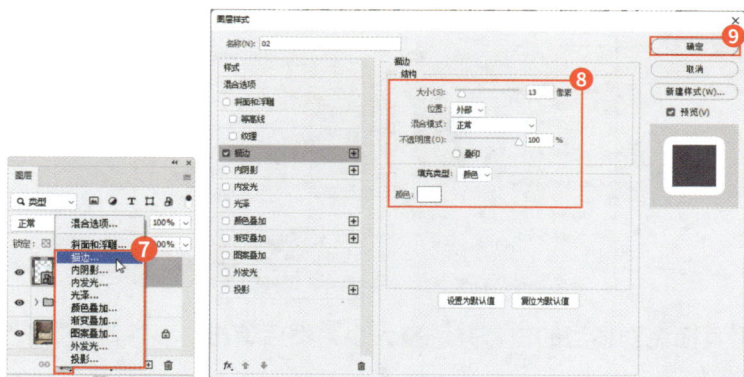

6 选择"横排文字工具" ，在图像窗口中输入需要的文字。在"字符"面板中设置文字为白色，并选择合适的字体和字号。选择需要的文字，在"字符"面板中设置文字为橘黄色（255，141，41）。

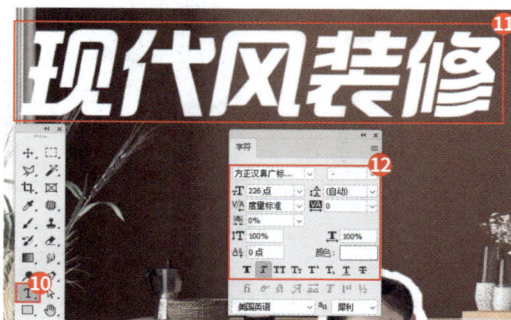

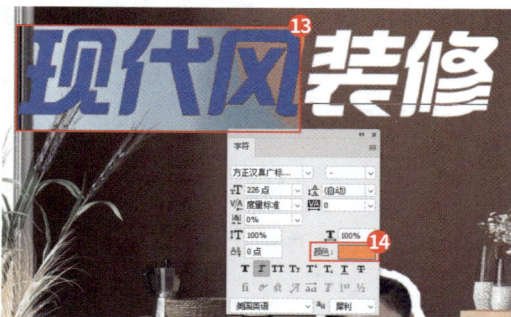

7 单击"图层"面板下方的"添加图层样式"按钮 *fx*，选择"描边"命令，在弹出的对话框中将描边颜色设置为枣红色（43，22，15），其他选项的设置如图所示，然后单击"确定"按钮。

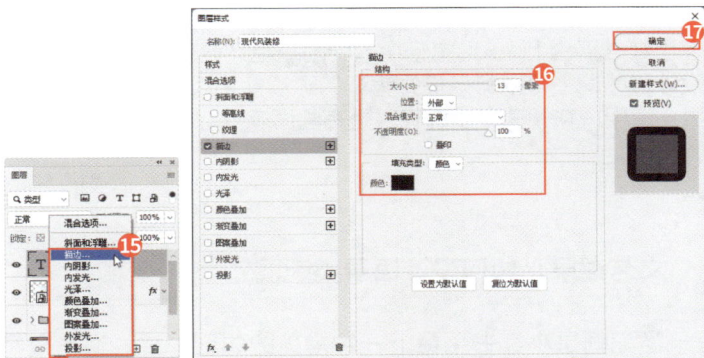

8 选择"多边形工具" ◯，绘制一个多边形。在"属性"面板中，将填色设置为橘黄色（255，141，41），边数设置为 8，圆角的半径设置为 10 像素，星形比例设置为 47%。

9 使用上述的方法分别输入需要的文字并添加描边效果，置入 03 素材并绘制矩形，即可完成大气时尚封面设计。

1.2 配图设计：提升笔记的互动性

在小红书平台上，一篇笔记中的配图是提升表现力的重要元素之一。精心设计过的配图可以有效提升笔记的可读性和互动性，加强内容的传播效果，使用户在阅读文字内容时更有画面感。

01 文艺语录：如何设计语录类配图？

语录类配图是小红书平台上一种常见的内容形式，通常以富有启发性的文字或名人名言为主，搭配简约美观的背景，来增强内容的吸引力和情感共鸣。

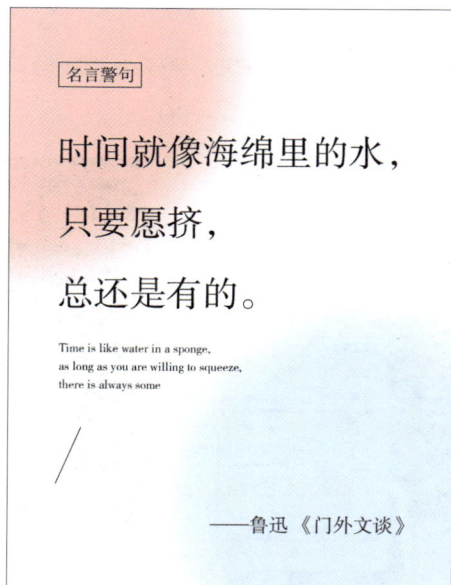

名言警句

时间就像海绵里的水，

只要愿挤，

总还是有的。

Time is like water in a sponge,
as long as you are willing to squeeze,
there is always some

——鲁迅《门外文谈》

1 启动 Photoshop，按 Ctrl+O 组合键，在弹出的对话框中选择 01 素材，单击"打开"按钮，打开素材。

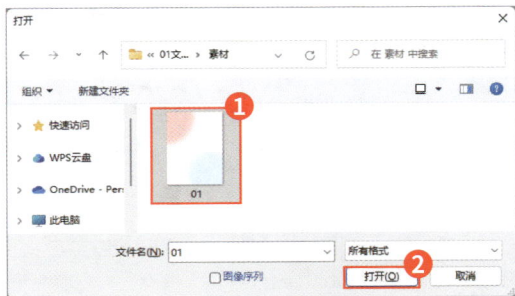

2 选择"矩形工具" ▱，在属性栏的"选择工具模式"选项中选择"形状"，将描边颜色设置为黑色，粗细设置为 2 像素，然后绘制一个矩形。
3 选择"横排文字工具" T.，在图像窗口中输入需要的文字。在"字符"面板中设置文字为黑色，并选择合适的字体和字号。

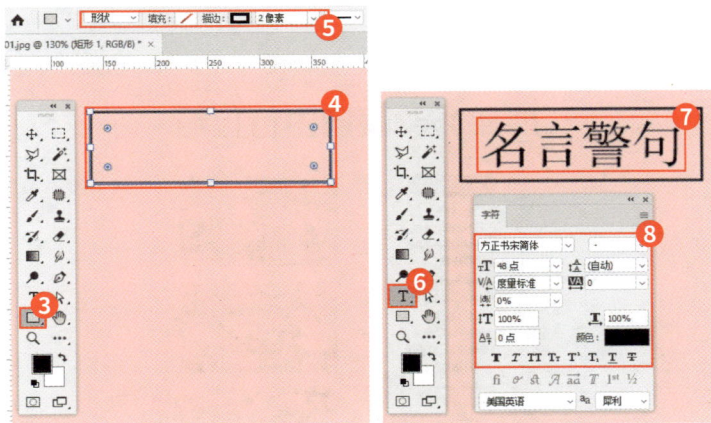

4 使用相同的方法，分别输入其他文字。
5 选择"钢笔工具" ∅.，在图像窗口中绘制一条斜线，即可完成语录类配图设计。

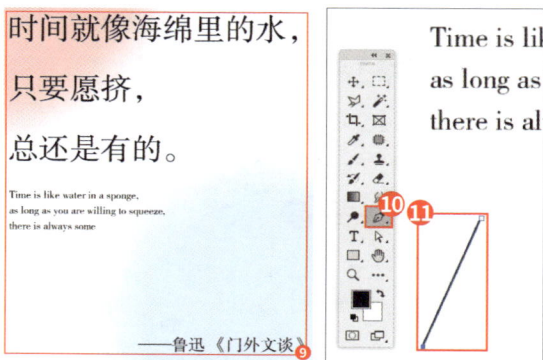

时间就像海绵里的水，

只要愿挤，

总还是有的。

Time is like water in a sponge,
as long as you are willing to squeeze,
there is always some

——鲁迅《门外文谈》⑨

02 舒适出游：如何打造你的旅行攻略？

在旅行攻略类配图的设计中，美观的景点照片搭配相对应的基本信息是吸引用户的重要元素，同时也极大地为笔记增添了趣味性和实用性。

1 启动 Photoshop 后，按 Ctrl+O 组合键，在弹出的对话框中选择 01 素材，单击"打开"按钮，打开素材。

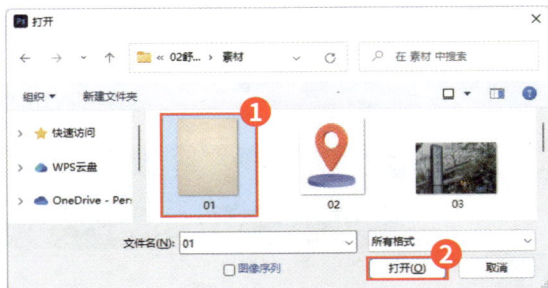

2 使用上述案例的方法分别输入文字并绘制矩形，这里不再赘述，效果如图所示。

3 选择"文件 > 置入嵌入对象"命令，在弹出的对话框中选择 02 素材，再单击"置入"按钮，置入素材，将其拖曳到适当的位置并调整大小。

4 选择"矩形工具" □ , 在属性栏的"选择工具模式"选项中选择"形状"，

将填充颜色设置为浅棕色（127，88，36），圆角的半径设置为35像素，然后绘制一个矩形。

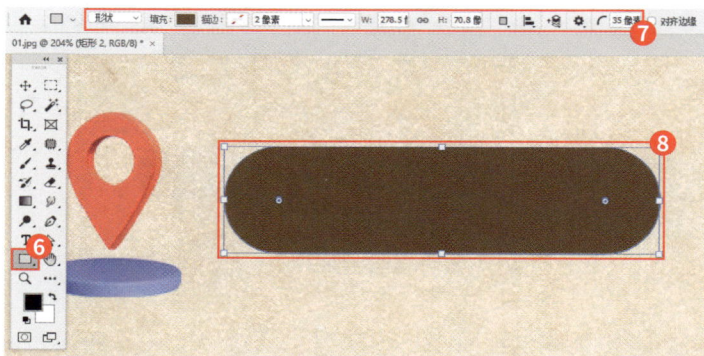

5 选择"横排文字工具" T ，在图像窗口中输入需要的文字。在"字符"面板中设置文字为米色（248，236，220），并选择合适的字体和字号。

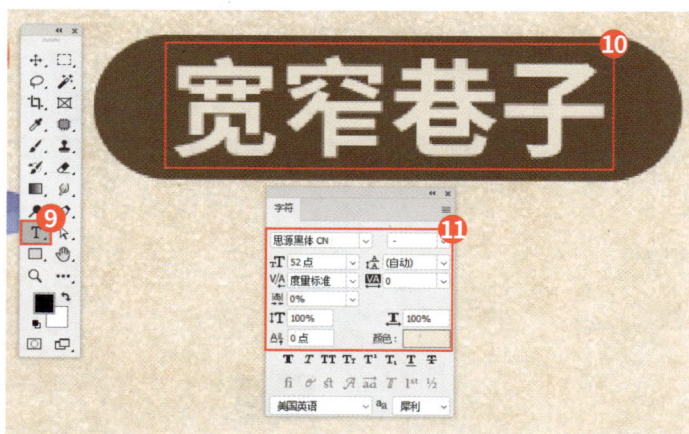

6 再次输入文字，在"字符"面板中设置文字为黑色，选择合适的字体和字号，并设置行间距。

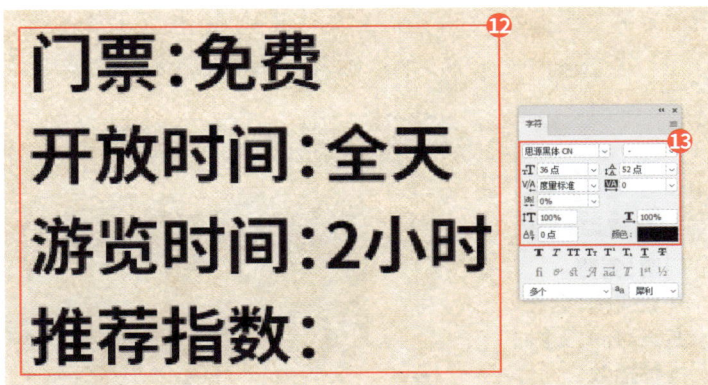

7 选择"文件 > 置入嵌入对象"命令，在弹出的对话框中选择 07 素材，再单击"置入"按钮，置入素材，将其拖曳到适当的位置并调整大小。

置入 07 素材
后效果如图

8 选择"矩形工具" ▢，在属性栏中，将填充颜色设置为浅棕色（127，88，36），圆角的半径设置为 30 像素，然后绘制一个矩形。

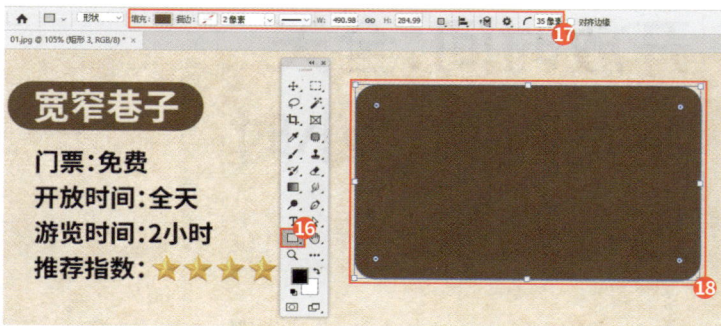

9 选择"文件 > 置入嵌入对象"命令，在弹出的对话框中选择 03 素材，再单击"置入"按钮，置入素材。按 Alt+Ctrl+G 组合键，创建剪贴蒙版，效果如图所示。

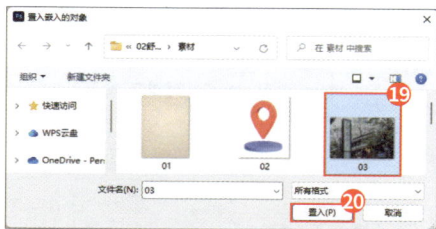

10 选择"钢笔工具"，在属性栏中，将描边颜色设置为浅棕色（127，88，36），粗细设置为 5 像素，形状描边类型设置为虚线，然后在按住 Shift 键的同时绘制一条竖线。

11 在按住 Shift 键的同时，单击"02"图层，同时选取需要的图层。按 Ctrl+G 组合键，群组图层，并将其命名为"宽窄巷子"。

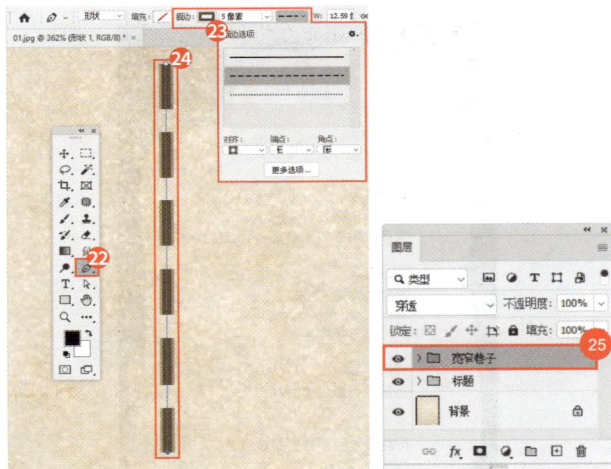

12 使用相同的方法制作其他图层组，即可完成旅行攻略配图设计。

03 促销活动：如何设计促销海报？

　　促销海报类配图通常包括活动主题、活动时间、活动内容等信息。对于关键的优惠信息，需要以醒目的字体和色彩吸引用户，同时搭配的背景和辅助素材需要与主题统一。

1 启动 Photoshop，按 Ctrl+O 组合键，在弹出的对话框中选择 01 素材，单击"打开"按钮，打开素材。

2 在"调整"面板中，单击"电影的"选项组中的"忧郁蓝"，为图像调色并生成调整图层。

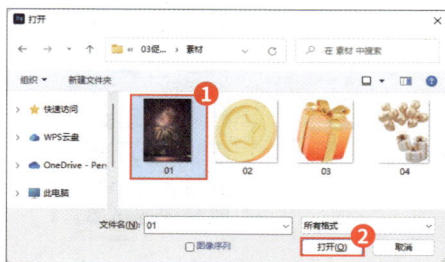

3 选择"钢笔工具" ，在属性栏的"选择工具模式"选项中选择"形状"，将填充颜色设置为白色，然后绘制形状。

4 按 Ctrl+J 组合键，复制形状并调整大小。在属性栏中，将填充颜色设置为无，描边颜色设置为深黄色（255，210，0），粗细设置为 5 像素，形状描边类型设置为虚线，效果如图所示。

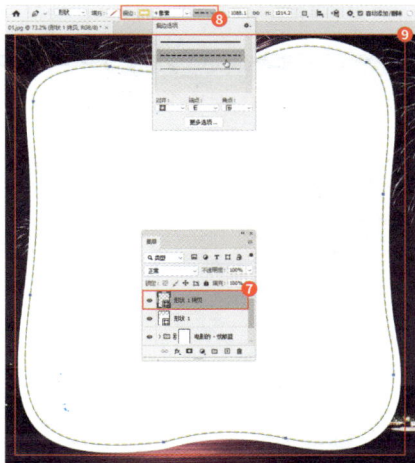

5 使用相同的方法再次绘制形状并设置填充颜色，效果如图所示。

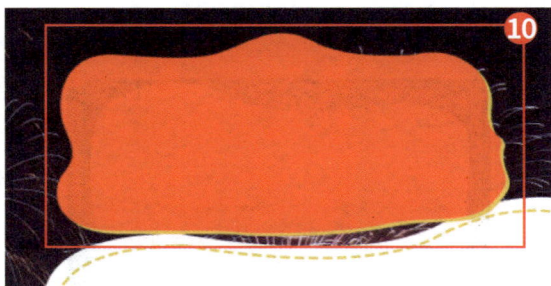

6 选择"横排文字工具" T.，在图像窗口中分别输入需要的文字。在"字符"面板中设置文字为白色，并选择合适的字体和字号。

7 选择"钢笔工具" ⌀.，在属性栏中，将填充颜色设置为无，描边颜色设置为白色，粗细设置为 2 像素，然后在按住 Shift 键的同时设置绘制一条直线。

8 按 Ctrl+J 组合键，复制直线，并将其拖曳到适当的位置。

9 选择"钢笔工具" ，在图像窗口中绘制形状。在属性栏中，将填充颜色设置为深黄色（255，210，0），描边颜色设置为白色，粗细设置为 4 像素。

10 单击"图层"面板下方的"添加图层样式"按钮 ，选择"投影"命令，在弹出的对话框中将投影颜色设置为黑色，其他选项的设置如图所示，然后单击"确定"按钮。

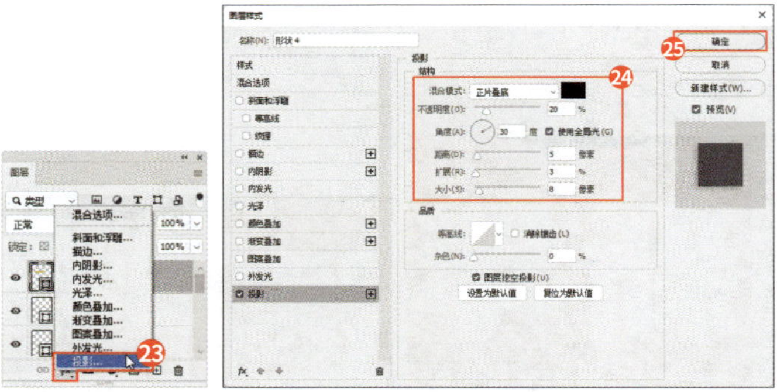

11 选择"文件 > 置入嵌入对象"命令，在弹出的对话框中选择 02 素材，再单击"置入"按钮，置入素材，将其拖曳到适当的位置并调整大小。

12 使用上述的方法输入文字，并为文字和 02 素材添加投影，效果如图所示。

13 在按住 Ctrl 键的同时单击"形状 2"图层，同时选取需要的图层。按 Ctrl+G 组合键，群组图层，并将其命名为"标题"。

14 选择"文件 > 置入嵌入对象"命令，在弹出的对话框中选择 03 素材，再单击"置入"按钮，置入素材，将其拖曳到适当的位置并调整大小。

15 选择 "矩形工具" ▭，在属性栏中，将填充颜色设置为深黄色（255，210，0），圆角的半径设置为 8 像素，然后绘制一个矩形。按 Ctrl+J 组合键，复制矩形，并将其拖曳到适当的位置。

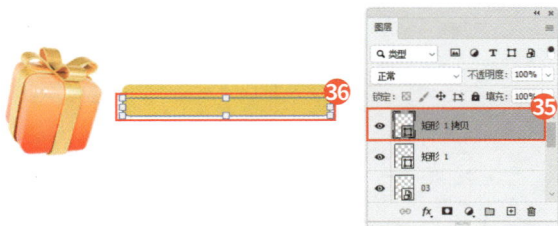

16 使用上述的方法分别输入文字，并设置合适的字体和字号，效果如图所示。在按住 Ctrl 键的同时单击 "03" 图层，同时选取需要的图层。按 Ctrl+G 组合键，群组图层，并将其命名为 "活动 1"。

活动一 ③⑦

全场服饰低至5折起

宝藏单品云集，满足各式穿搭需求

17 使用相同的方法制作其他图层组，并置入 04 素材，即可完成促销海报配图设计。

活动二

单笔购物满**88**元

获刮刮卡一张（100%中奖）

千元好礼等你拿

活动三

活动期间会员享

双倍积分

可兑换专属福袋，每日限量

使用相同的方法制作其他图层组后效果如图

秒懂创意设计：
PS+AI
实例精讲（全彩印刷）

▶ 第 **2** 章 ◀
微信公众号宣传图设计：
塑造独特品牌形象

　　微信公众号宣传图是指在微信公众号平台上用于宣传推广的图片，这些图片在公众号文章中能够起到吸引读者注意力、传达文章主题和内容的作用。本章将详细讲解微信公众号中首图、次图和宣传海报的常见风格和设计方法，使读者可以轻松完成微信公众号宣传图的制作。

2.1　首图设计：快速吸引用户目光

> 微信公众号中的首图，也称为封面图，是指在用户进入公众号时展示给用户的第一张图。它的作用是吸引用户点击文章或页面，增加阅读和转发量。

01　节日文化：如何表达传统节日的文化内涵？

在节日类微信公众号首图的设计中，通常会加入相关的节日元素来体现特色并营造氛围，同时搭配简约的文字点明主题。

1 启动 Photoshop，按 Ctrl+N 组合键，弹出"新建文档"对话框，设置宽度为 900 像素，高度为 383 像素，分辨率为 72 像素 / 英寸，颜色模式为 RGB 颜色。单击"创建"按钮，新建文档。

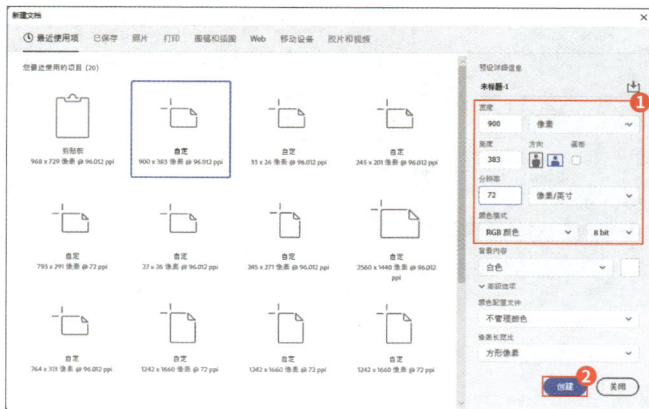

2 选择"文件 > 置入嵌入对象"命令，在弹出的对话框中选择 01 素材，再单击"置入"按钮，置入素材。使用相同的方法置入 02 素材。

3 将 02 素材拖曳到适当的位置并调整大小。单击"移除背景"按钮，抠出需要的元素。

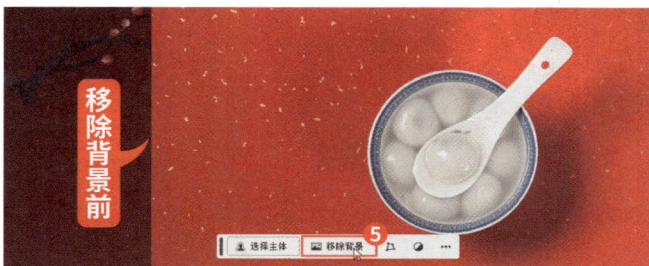

4 在"调整"面板中，单击"人像"选项组中的"明亮"，为图像调色并生成调整图层。

5 选择"横排文字工具" T，在图像窗口中输入需要的文字。在"字符"面板中设置文字为奶黄色（ 255，245，174 ），并选择合适的字体和字号。使用相同的方法再次输入文字，效果如图所示。

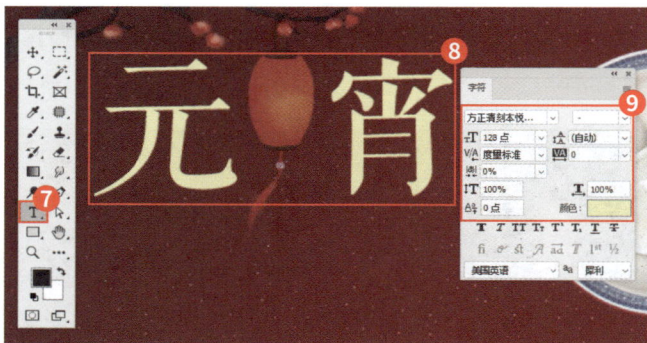

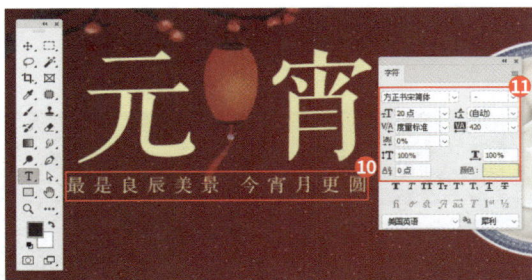

6 选择"矩形工具"□，在属性栏的"选择工具模式"选项中选择"形状"，将描边颜色设置为奶黄色（255，245，174），粗细设置为 2 像素，然后绘制一个矩形。

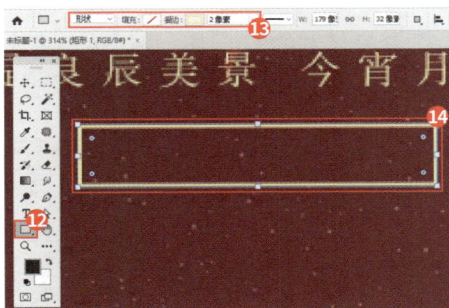

7 按 Ctrl+J 组合键，复制矩形并调整大小。在属性栏中，将填充颜色设置为奶黄色（255，245，174），描边颜色设置为无，效果如图所示。

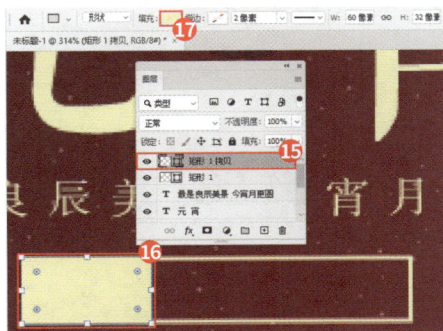

8 使用上述的方法分别输入需要的文字，即可完成节日类微信公众号
首图设计。

02 喜报宣传：如何传递共享胜利的喜悦？

在喜报类微信公众号首图的设计中，需要体现喜庆、祝贺等信息。
这类首图的设计风格多样，既有简洁明了的，也有色彩鲜艳、富有创意的。

1 启动 Photoshop，按 Ctrl+O 组合键，在弹出的对话框中选择 01
素材，单击"打开"按钮，打开素材。

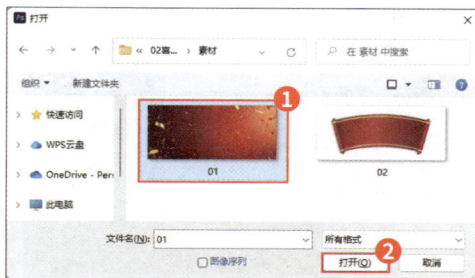

2 选择"文件 > 置入嵌入对象"命令，在弹出的对话框中选择 02 素材，再单击"置入"按钮，置入素材。

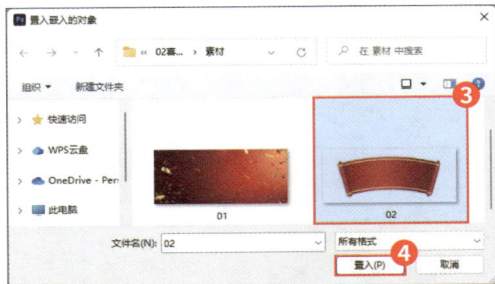

3 单击"图层"面板下方的"创建新的填充或调整图层"按钮 ，选择"自然饱和度"命令，在"属性"面板中进行设置自然饱和度和饱和度。

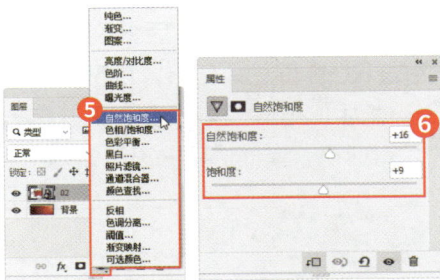

4 选择"横排文字工具" ，在图像窗口中输入需要的文字。在"字符"面板中设置文字为黑色，并选择合适的字体和字号。

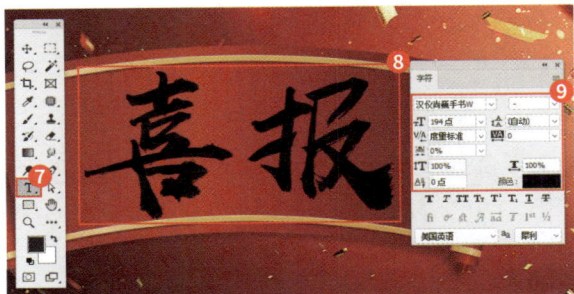

5 单击"图层"面板下方的"添加图层样式"按钮 *fx*，选择"渐变叠加"命令，在弹出的对话框中单击"渐变"选项右侧的"点按可编辑渐变"按钮 ▉▉▉ 。

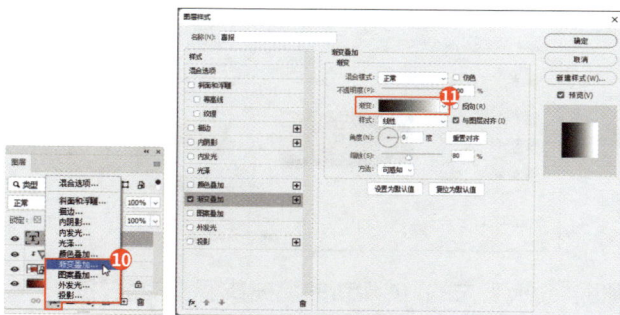

6 弹出"渐变编辑器"对话框，在"位置"选项中分别设置 0、20、40、60、80、100 这 6 个位置点，然后分别设置 0、40、60、100 这 4 个位置点颜色的 RGB 值为（243，195，150），20、80 两个位置点颜色的 RGB 值为（255，240，225），单击"确定"按钮。返回到"渐变叠加"对话框，其他选项的设置如图所示。

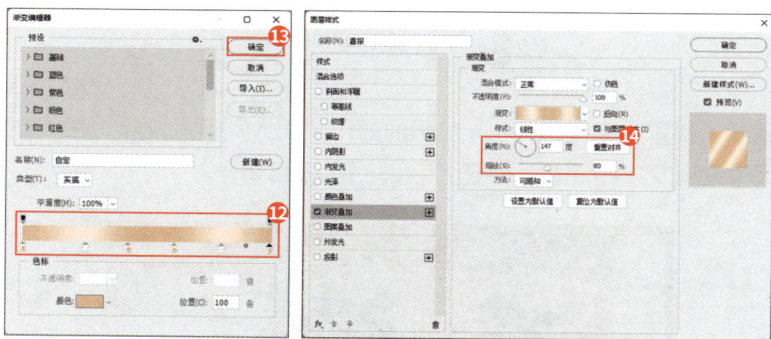

7 选择"投影"选项卡，切换到相应的对话框。设置投影颜色为深棕色（88，35，0），其他选项的设置如图所示，然后单击"确定"按钮。

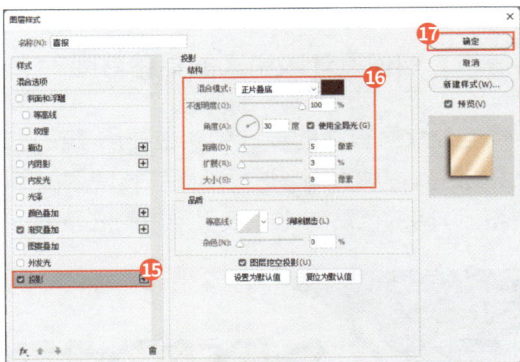

8 选择"横排文字工具" ，在图像窗口中输入需要的文字。在"字符"面板中设置文字为中黄色（244,195,103），并选择合适的字体和字号。

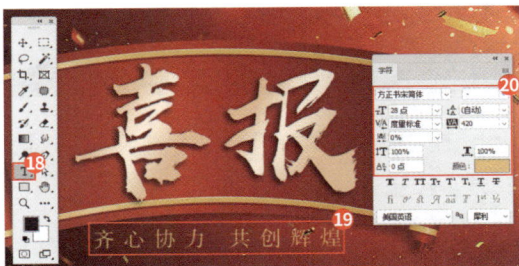

9 单击属性栏中的"创建文字变形"按钮，在弹出的对话框中进行设置，单击"确定"按钮，即可完成喜报类微信公众号首图设计。

03 招聘信息：如何设计吸引人的招聘首图？

在招聘类微信公众号首图的设计中，主要用于传达招聘信息，促使用户进一步点击进入招聘页面。这类首图往往使用简单的几何图形、线条和文字，搭配鲜明的色彩对比，吸引用户的注意力。

1 启动 Photoshop，按 Ctrl+O 组合键，在弹出的对话框中选择 01素材，单击"打开"按钮，打开素材。

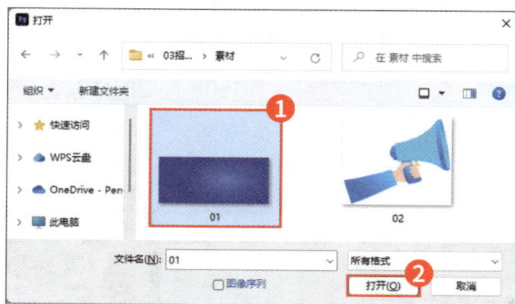

2 选择"文件 > 置入嵌入对象"命令，在弹出的对话框中选择 02 素材，再单击"置入"按钮，置入素材。

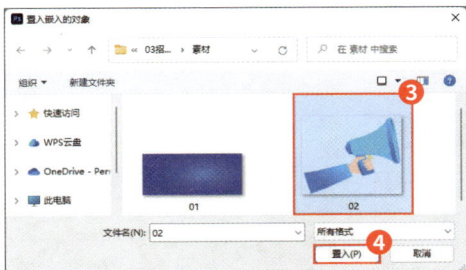

3 选择"钢笔工具" ，在属性栏的"选择工具模式"选项中选择"形状"，将填充颜色设置为白色，然后绘制形状。使用相同的方法，再次绘制两个形状，效果如图所示。

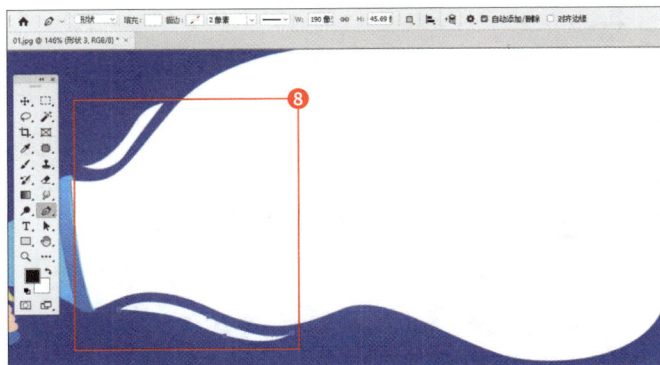

4 选择"横排文字工具" T，在图像窗口中输入需要的文字。在"字符"面板中设置文字为黄色（255，228，0），并选择合适的字体和字号。

5 单击"图层"面板下方的"添加图层样式"按钮 fx，选择"描边"命令，在弹出的对话框中将描边颜色设置为深蓝色（0，24，122），其他选项的设置如图所示，然后单击"确定"按钮。

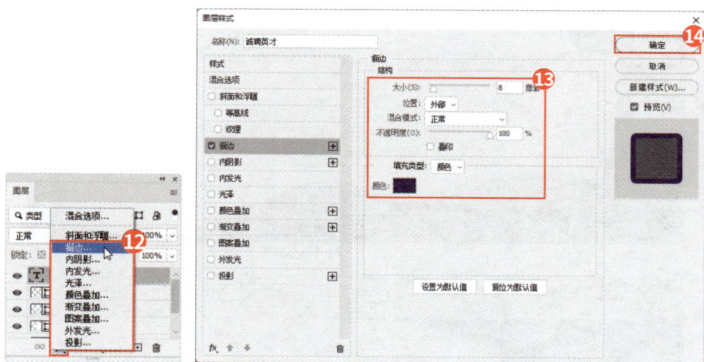

6 使用上述的方法分别输入需要的文字并绘制形状，效果如图所示。

7 选择"椭圆工具" ○.，在属性栏中，将填充颜色设置为白色，然后在按住 Shift 键的同时绘制一个圆形。

8 按 Ctrl+J 组合键，复制形状并调整大小。在属性栏中，将填充颜色设置为无，描边颜色设置为白色，粗细设置为 3 像素，形状描边类型设置为虚线，效果如图所示。

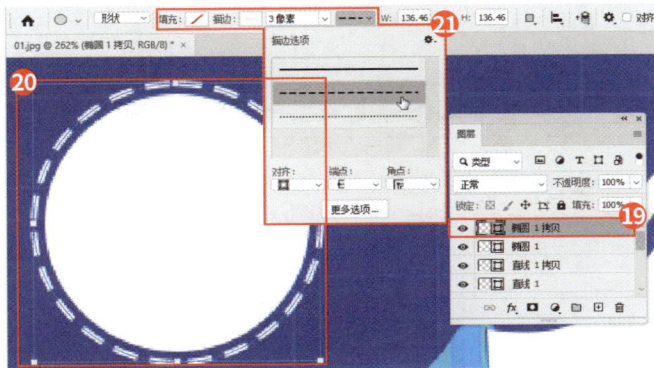

9 选择"横排文字工具" T.，在图像窗口中输入需要的文字。在"字符"面板中设置文字为亮蓝色（33，72，253），并选择合适的字体和字号，即可完成招聘类微信公众号首图设计。

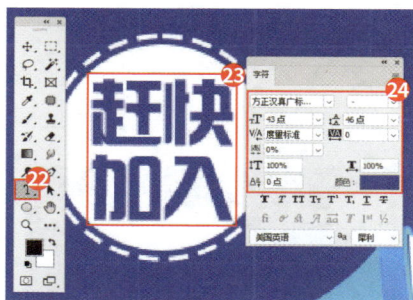

2.2 次图设计：助力公众号品牌传播

微信公众号中的次图是指在公众号文章中用于搭配首图的图片，主要用于文章内容的进一步细化展示和视觉补充。次图通常是正方形的，尺寸较小，因此内容比较简洁直观，风格上应与首图一致。

01 文字类次图：如何辅助文字解读的视觉补充？

文字类次图在设计时通常使用纯色或渐变色的背景，从而突出画面中间部分的文字信息，快速传达文章的类型。

1 启动 Photoshop，按 Ctrl+N 组合键，弹出"新建文档"对话框，设置宽度为 500 像素，高度为 500 像素，分辨率为 72 像素 / 英寸，颜色模式为 RGB 颜色。单击"创建"按钮，新建文档。

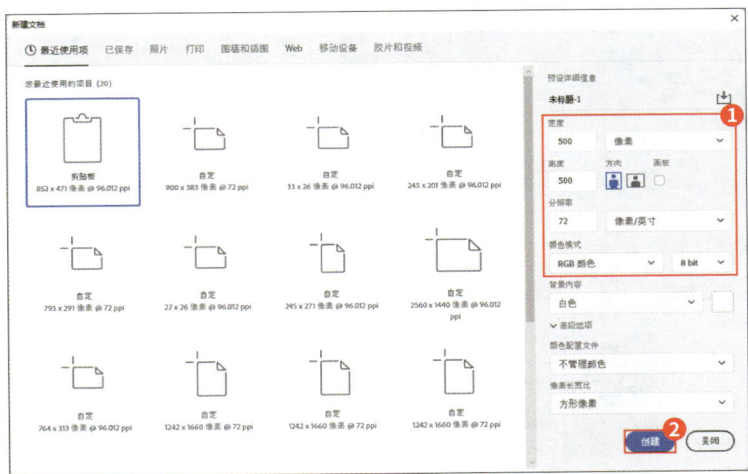

2 选择"文件 > 置入嵌入对象"命令，在弹出的对话框中选择 01 素材，再单击"置入"按钮，置入素材，将其拖曳到适当的位置并调整大小。

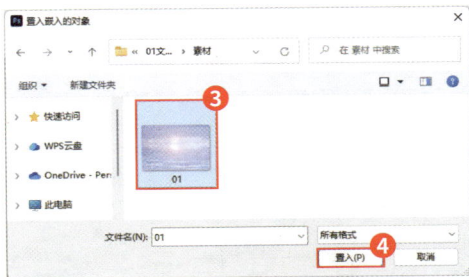

3 选择"矩形工具"▢，在属性栏的"选择工具模式"选项中选择"形状"，将描边颜色设置为白色，粗细设置为 6 像素，然后绘制一个矩形。
4 选择"横排文字工具"T，在图像窗口中输入需要的文字。在"字符"面板中设置文字为白色，并选择合适的字体和字号。

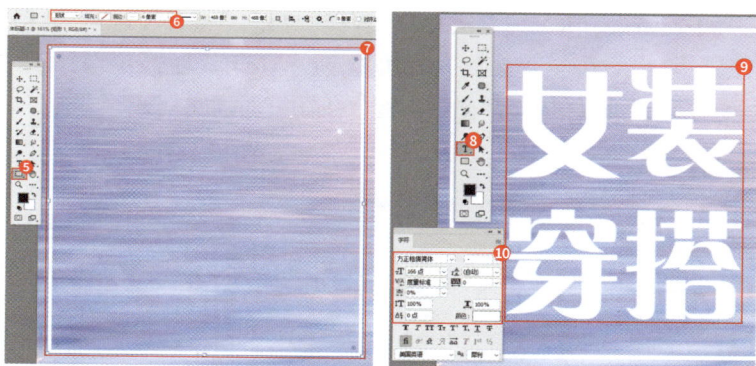

5 按 Ctrl+J 组合键，复制文字并调整位置。单击"图层"面板下方的"添加图层样式"按钮 ，选择"渐变叠加"命令。

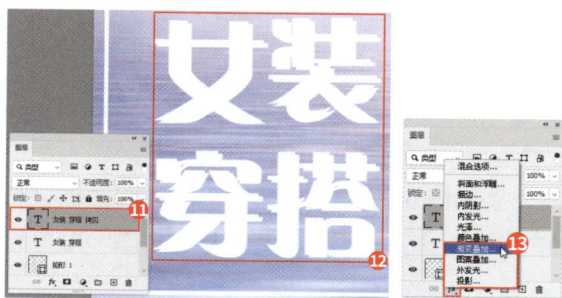

6 在弹出的对话框中单击"渐变"选项右侧的"点按可编辑渐变"按钮 。

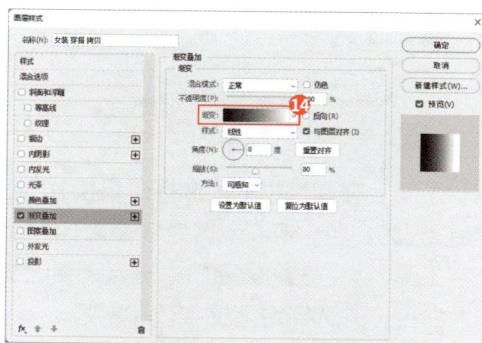

7 弹出"渐变编辑器"对话框，在"位置"选项中分别设置 0、28、60、100 四个位置点，然后分别设置四个位置点颜色的 RGB 值为（2，73，178）、（62，129，238）、（167，156，240）、（82，60，255），单击"确定"按钮。返回到"渐变叠加"对话框，其他选项的设置如图所示，然后单击"确定"按钮，即可完成文字类次图设计。

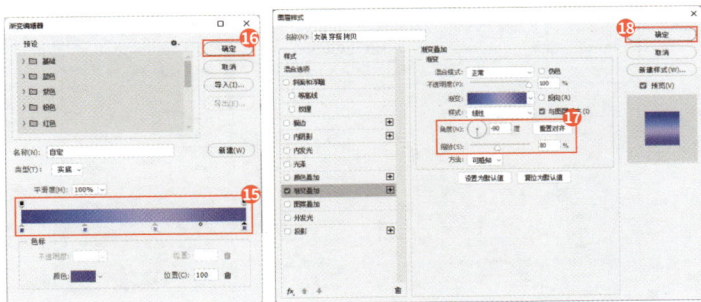

02　图片类次图：如何强化主图信息的视觉辅助？

　　一部分图片类次图会直接使用与文章内容相关的图片素材，不做任何设计；而另一部分则会通过富有艺术性的设计，创建自己独特的风格和定位，使图片更有特色。

1 启动 Photoshop，按 Ctrl+N 组合键，弹出"新建文档"对话框，设置宽度为 500 像素，高度为 500 像素，分辨率为 72 像素 / 英寸，颜色模式为 RGB 颜色。单击"创建"按钮，新建文档。

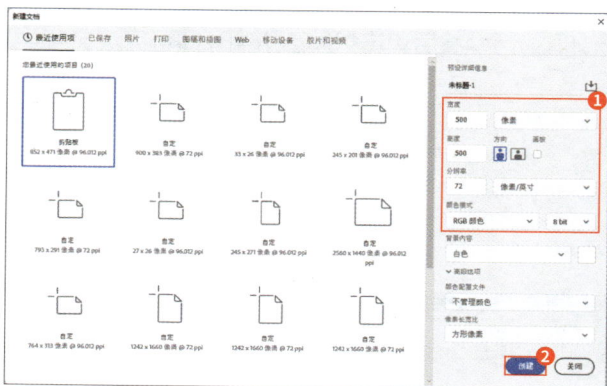

2 选择"矩形工具" ▭ ，在属性栏的"选择工具模式"选项中选择"形状"，将填充颜色设置为白色，然后绘制一个矩形。单击"图层"面板下方的"添加图层样式"按钮 ，选择"内发光"命令。

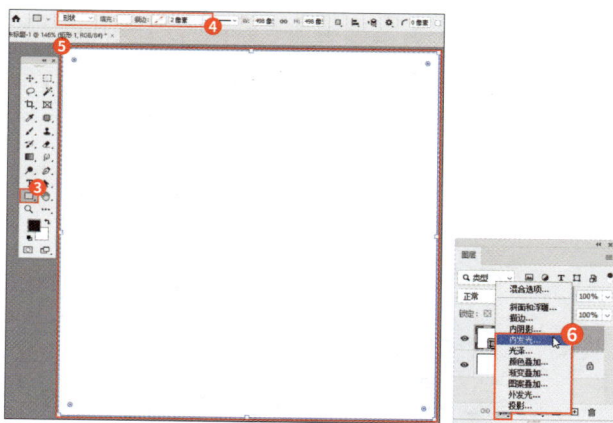

3 在弹出的对话框中将发光颜色设置为白色，其他选项的设置如图所示，然后单击"确定"按钮。

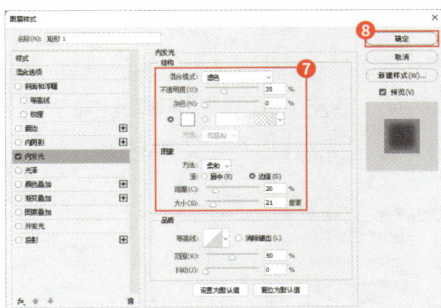

4 选择"文件 > 置入嵌入对象"命令，在弹出的对话框中选择 01 素材，再单击"置入"按钮，置入素材，将其拖曳到适当的位置并调整大小。按 Alt+Ctrl+G 组合键，创建剪贴蒙版。

5 选择"滤镜 > 滤镜库"命令，在弹出的对话框中单击"扭曲"选项组中的"玻璃"，选项的设置如图所示，然后单击"确定"按钮。

6 选择"滤镜 > 模糊 > 高斯模糊"命令，在弹出的对话框中设置半径为 2.5 像素，单击"确定"按钮。

7 在"调整"面板中，单击"风景"选项组中的"凸显"，为图像调色并生成调整图层，即可完成图片类次图设计。

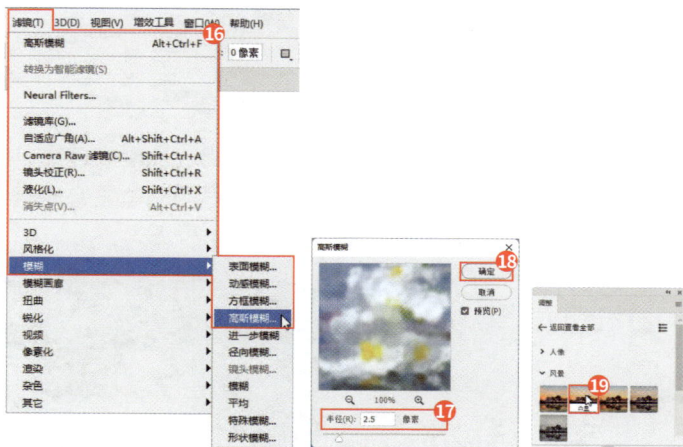

2.3 宣传海报：让公众号内容一目了然？

为微信公众号设计的宣传海报，可以是静态的图片，也可以是动态的 GIF 动画。宣传海报通常以图片、形状和文字等元素组合而成，旨在通过简洁、直观且吸引人的方式传达特定的信息。

01 节气文化：如何将时令文化标识融入设计？

在节气类宣传海报的设计中，高质量且与主题相关的图片是关键，搭配醒目的标题文字，可以快速传达公众号文章中的信息，吸引用户观看。

1 启动 Photoshop，按 Ctrl+N 组合键，弹出"新建文档"对话框，设置宽度为 1242 像素，高度为 2208 像素，分辨率为 72 像素 / 英寸，颜色模式为 RGB 颜色。单击"创建"按钮，新建文档。

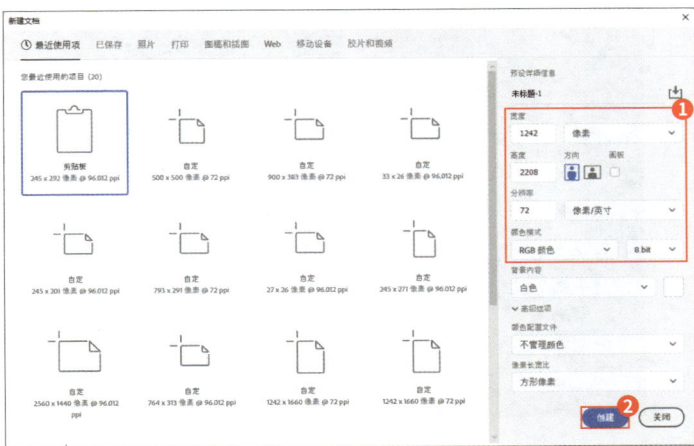

2 选择"文件 > 置入嵌入对象"命令，在弹出的对话框中选择 01 素材，再单击"置入"按钮，置入素材，将其拖曳到适当的位置并调整大小。

3 在"图层"面板中的"01"图层上，单击鼠标右键，选择"栅格化图层"命令。

4 选择"移除工具" ，在属性栏中设置画笔大小，然后在图像窗口中进行涂抹，去掉不需要的部分。

5 选择"直排文字工具" ，在图像窗口中输入需要的文字。在"字符"面板中设置文字为白色，并选择合适的字体和字号。使用相同的方法使用"直排文字工具" 和"横排文字工具" ，分别输入其他文字，效果如图所示。

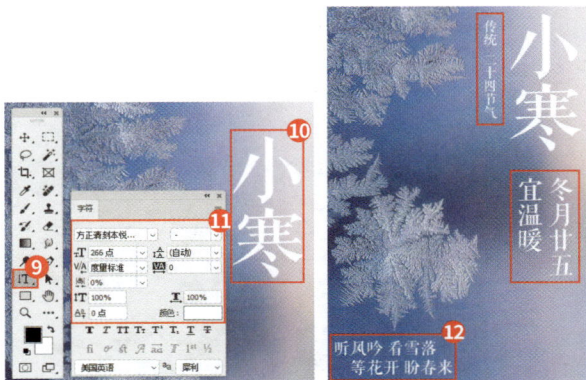

6 选择"钢笔工具" ，在属性栏的"选择工具模式"选项中选择"形状"，将描边颜色设置为白色，粗细设置为 4 像素，然后在按住 Shift 键的同时绘制一条直线。

7 选择"矩形工具" ，绘制一个矩形。在属性栏中，将描边颜色设置为深红色（195，2，2），粗细设置为 2 像素。按 Ctrl+J 组合键，复制矩形并调整大小。在属性栏中，将填充颜色设置为深红色（195，2，2），描边颜色设置为无。

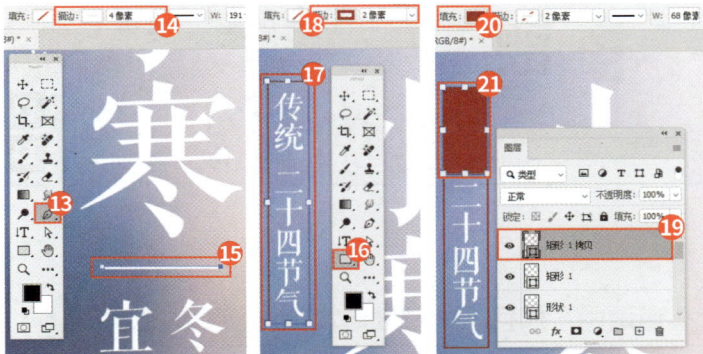

8 在"图层"面板中，将"矩形 1 拷贝"图层拖曳到文字图层的下方，效果如图所示。

9 选中"矩形 1"图层。选择"椭圆工具" ，在按住 Shift 键的同时绘制一个圆形。在属性栏中，将填充颜色设置为无，描边颜色设置为深红色（195，2，2），粗细设置为2像素。

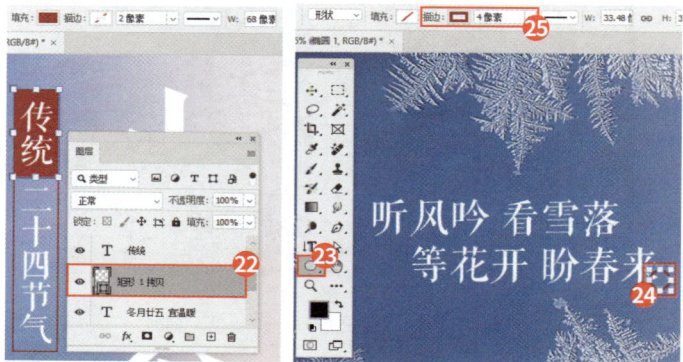

10 选择"文件 > 置入嵌入对象"命令，在弹出的对话框中选择02素材，再单击"置入"按钮，置入素材，并将其拖曳到适当的位置，即可完成节气类宣传海报设计。

置入 02 素材后效果如图

02 邀请函：如何设计共赴一场精彩盛宴的邀请？

在邀请函类宣传海报的设计中，需要使用鲜明对比的色彩来营造高端大气的氛围，同时还需要有效传达活动的基本信息，如活动的名称、时间和地点，使人一目了然。

1 启动 Photoshop，按 Ctrl+O 组合键，在弹出的对话框中选择 01
素材，单击"打开"按钮，打开素材。

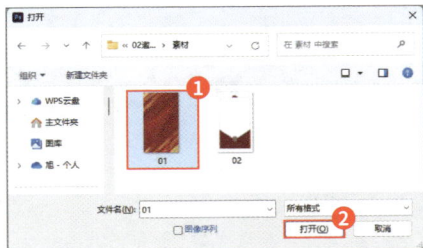

2 选择"文件 > 置入嵌入对象"命令，在弹出的对话框中选择 02 素材，
再单击"置入"按钮，置入素材。

3 选择"横排文字工具" ⊤,，在图像窗口中输入需要的文字。在"字符"面板中设置文字为黑色，并选择合适的字体和字号。单击"图层"面板下方的"添加图层样式"按钮 fx.，选择"渐变叠加"命令。

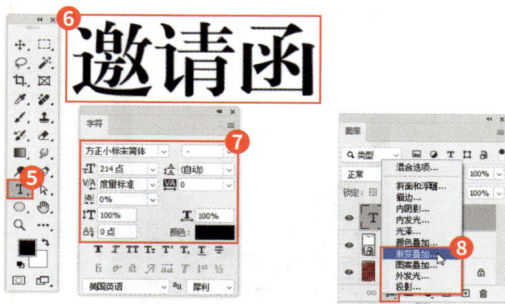

4 在弹出的对话框中单击"渐变"选项右侧的"点按可编辑渐变"按钮 ⬛▭ ✓。

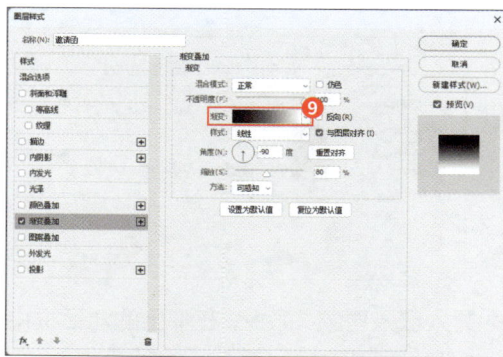

5 弹出"渐变编辑器"对话框，在"位置"选项中分别设置 0、100 两个位置点，然后分别设置 RGB 值为（177，128，81）、（208，161，116），单击"确定"按钮。返回到"渐变叠加"对话框，其他选项的设置如图所示，单击"确定"按钮。

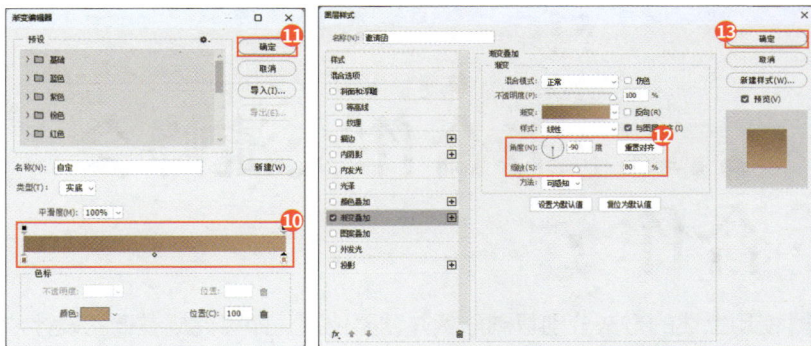

6 使用相同的方法分别输入其他文字，设置文字颜色为浅褐色（177，128，81）和深红色（172，2，2），并选择合适的字体和字号。

7 选择"椭圆工具" ○ ，在属性栏的"选择工具模式"选项中选择"形状"，将填充颜色设置为深红色（172，2，2），然后在按住 Shift 键的同时绘制一个圆形。

8 按 Ctrl+J 组合键，复制形状并调整大小，拖曳到适当的位置。

9 选择"钢笔工具" ⌀ ，在属性栏中，将描边颜色设置为深红色（172，2，2），粗细设置为 2 像素，然后在按住 Shift 键的同时绘制一条直线。

10 使用上述的方法分别复制形状并调整位置，即可完成邀请函设计。

03 户外活动：如何设计拥抱健康生活的宣传海报？

　　在户外活动类宣传海报的设计中，需要展示出活动相关的场景，使人更有代入感。同时，在设计中多使用明亮、鲜艳的色彩，能够传达出青春活力的感觉，激发用户兴趣。

1 启动 Photoshop，按 Ctrl+N 组合键，弹出"新建文档"对话框，

设置宽度为 1242 像素，高度为 2208 像素，分辨率为 72 像素 / 英寸，颜色模式为 RGB 颜色，背景内容为黄色（253，226，0）。单击"创建"按钮，新建文档。

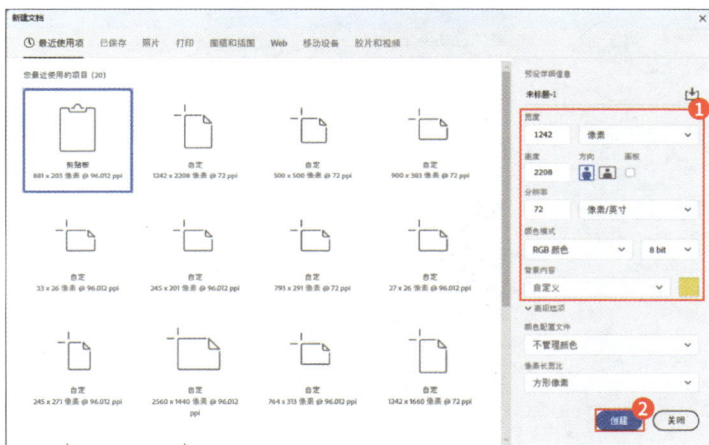

2 选择"钢笔工具" ，在属性栏的"选择工具模式"选项中选择"形状"，将填充颜色设置为黑色，然后绘制形状。

3 选择"文件 > 置入嵌入对象"命令，在弹出的对话框中选择 01 素材，再单击"置入"按钮，置入素材，将其拖曳到适当的位置并调整大小。

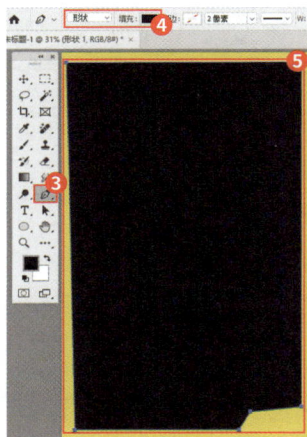

4 按 Alt+Ctrl+G 组合键，创建剪贴蒙版。

5 选择"滤镜 > Camera Raw 滤镜"命令，在弹出的对话框中展开"镜头模糊"选项组，选中"应用"复选框，并进行如图所示的设置，模糊背景，单击"确定"按钮。

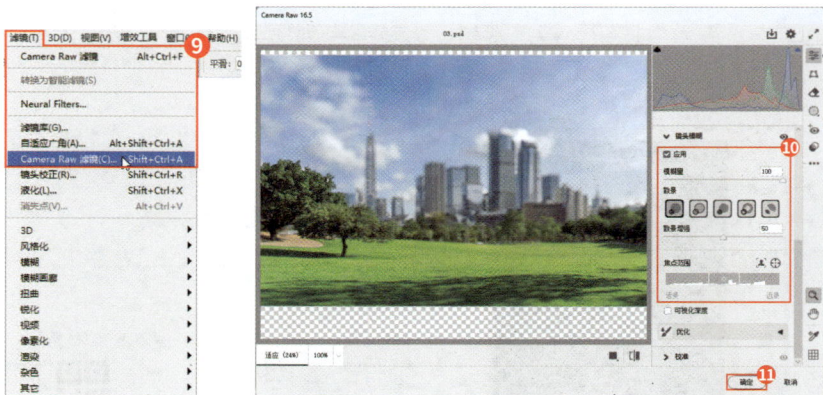

6 使用上述的方法分别置入 02 和 03 素材，效果如图所示。

7 选择"横排文字工具" T.，在图像窗口中输入需要的文字。在"字符"

面板中设置文字为黑色，并选择合适的字体和字号。

置入 02、03 素材后效果如图

8 选择"钢笔工具" ，在属性栏的"选择工具模式"选项中选择"形状"，将填充颜色设置为白色，然后在图像窗口中沿着文字边缘绘制形状。

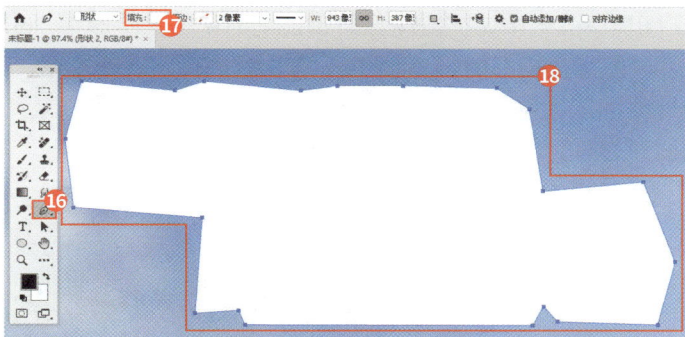

9 在"图层"面板中将"形状 2"图层拖曳到文字图层的下方。使用相同的方法绘制其他形状，效果如图所示。

10 选择"矩形工具" ⬜，绘制一个矩形。在属性栏中，将填充颜色设置为浅绿色（161，220，0）。

11 选择"横排文字工具" T，在图像窗口中输入需要的文字。在"字符"面板中设置文字为白色，并选择合适的字体和字号。

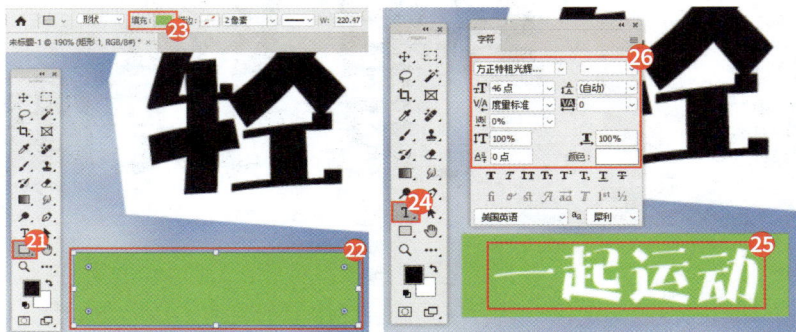

12 在"图层"面板中，在按住 Ctrl 键的同时单击"矩形 1"图层，同时选取两个图层。按 Ctrl+T 组合键，在形状周围出现变换框，将指针放在变换框的控制手柄外边，指针变为旋转图标 ↰，拖曳鼠标将文字旋转到适当的角度，按 Enter 键确定操作。

13 使用相同的方法分别绘制图形并输入文字，效果如图所示。

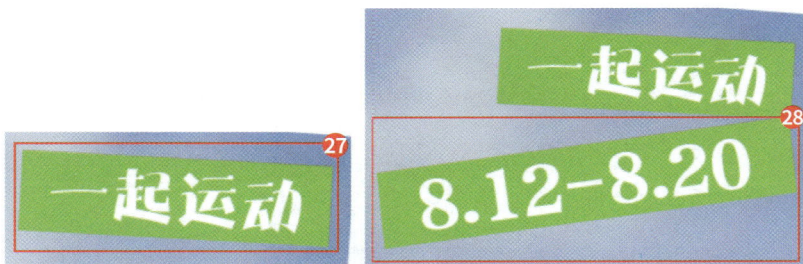

14 在按住 Ctrl 键的同时单击"矩形 2"图层，同时选取需要的图层。按 Ctrl+G 组合键，群组图层，并将其命名为"顶部标题"。

15 使用上述的方法分别绘制形状、输入文字并置入 04 素材，即可完成户外运动宣传海报设计。

▶▶ 第 3 章 ◀◀
微信公众号内容与排版设计：
优化读者阅读体验

　　在微信公众号推文内容的制作中，好的排版设计尤为重要。在设计中需要对文章内容中的文字、图片、装饰等元素进行布局、样式调整和视觉优化，便于用户阅读。本章将带领读者熟练掌握微信公众号中文章长图、超链接配图和扫码关注图的常见风格及设计方法，使读者可以应用所学的知识完成微信公众号内容的排版设计。

3.1　文章长图：提升用户阅读舒适度

微信公众号中的文章长图是一种常见的内容呈现形式，它可以将多篇文章或一个完整的活动通过一张长图展示出来，具有很强的视觉冲击力和阅读连贯性。

01　茶文化：如何设计茶文化主题的文章长图？

在茶文化主题的文章长图的设计中，多采用淡雅、清新的色彩，象征着生机与自然。同时，有序地组合相关茶叶图片和文字介绍，能够烘托茶文化的深厚底蕴。

1 启动 Photoshop，按 Ctrl+O 组合键，在弹出的对话框中选择 01 素材，单击"打开"按钮，打开素材。

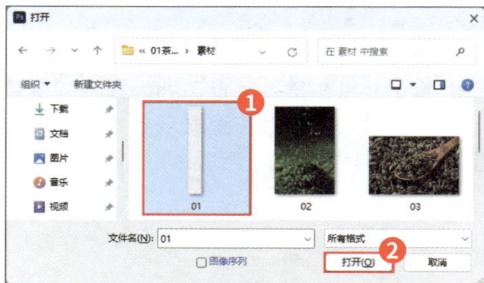

2 选择"文件 > 置入嵌入对象"命令，在弹出的对话框中选择 02 素材，再单击"置入"按钮，置入素材。

3 单击"图层"面板中的"图层蒙版"按钮 ▫，为图层添加蒙版。选择"渐变工具" ▫，在属性栏中选择需要的渐变色。

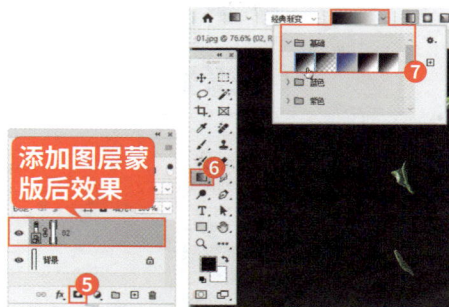

添加图层蒙版后效果

4 在按住 Shift 键的同时单击鼠标左键，并从下向上进行拖曳，填充渐变色，效果如图所示。

5 选择"横排文字工具" ⊤,，在图像窗口中输入需要的文字。在"字符"面板中设置文字为白色，并选择合适的字体和字号。使用相同的方法分别输入其他文字，效果如图所示。

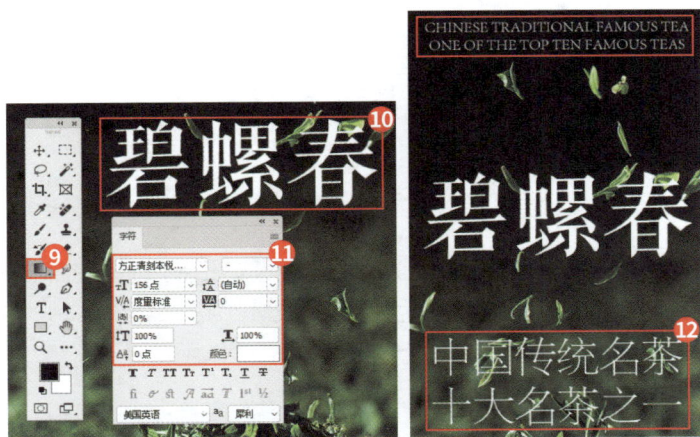

6 选择"钢笔工具" ⊘,，在属性栏的"选择工具模式"选项中选择"形状"，将描边颜色设置为白色，粗细设置为 2 像素，然后绘制一条斜线。

7 选择"横排文字工具" ⊤,，在图像窗口中拖曳出一个文本框，输入需要的文字。在"字符"面板中设置文字为黑色，并选择合适的字体和字号。

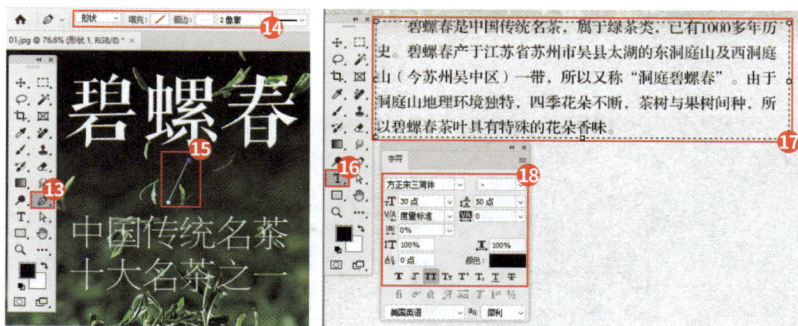

8 使用上述的方法分别绘制形状并输入文字，效果如图所示。选中需要的图层，在"图层"面板上方设置不透明度为 40%，填充为 0%。

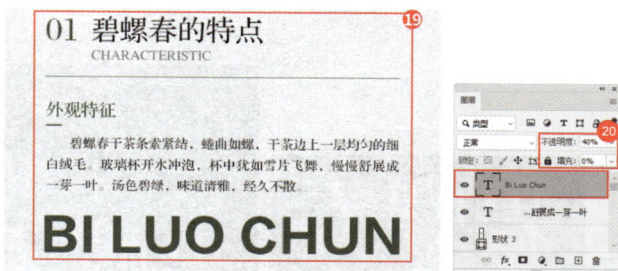

9 单击"图层"面板下方的"添加图层样式"按钮 ，选择"描边"命令，在弹出的对话框中将描边设置为暗绿色（60，93，44），其他选项的设置如图所示，然后单击"确定"按钮。

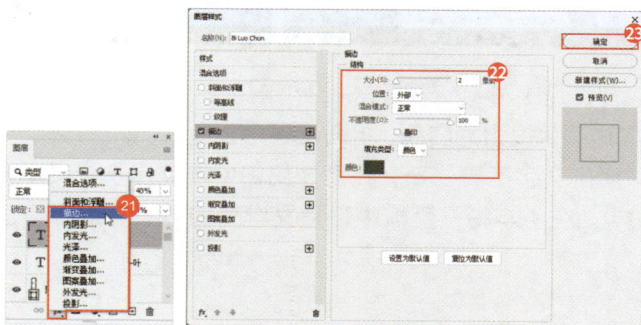

10 选择"椭圆工具" ◯，在属性栏中，将填充颜色设置为暗绿色（60，93，44），然后在按住 Shift 键的同时绘制一个圆形。在"图层"面板上方设置不透明度为 40%。

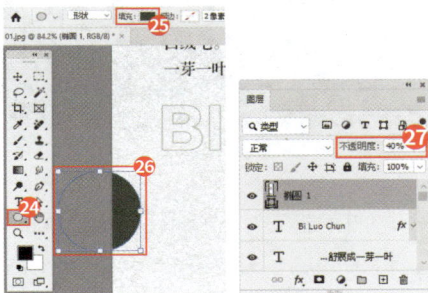

11 使用相同的方法再次绘制两个矩形。

12 选择"文件 > 置入嵌入对象"命令，在弹出的对话框中选择 03 素材，再单击"置入"按钮，置入素材，将其拖曳到适当的位置并调整大小。按 Alt+Ctrl+G 组合键，创建剪贴蒙版。

13 在按住 Ctrl 键的同时单击"外观特征"图层，同时选取需要的图层，按 Ctrl+G 组合键，群组图层，并将其命名为"外观特征"。使用上述的方法分别绘制形状、置入素材并输入相关的文字，制作其他图层组，即可完成茶文化文章长图设计。

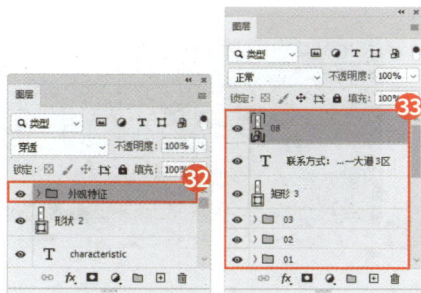

02　年会活动：如何设计凝聚团队力量的内容？

　　在年会活动主题的文章长图的设计中，通常使用与主题契合的色调和装饰元素，营造出氛围感。一般采用从上到下的布局，顶部是年会的主标题和副标题，中间部分详细介绍年会的各个环节，底部进行补充说明。

1 启动 Photoshop，按 Ctrl+O 组合键，在弹出的对话框中选择 01
素材，单击"打开"按钮，打开素材。

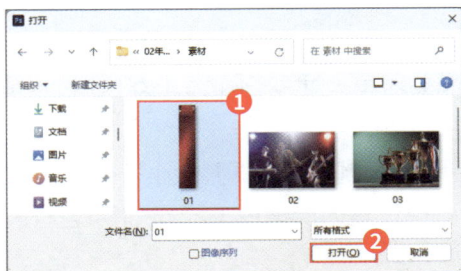

2 选择"横排文字工具" ，在图像窗口中输入需要的文字。在"字符"
面板中设置文字为淡橙色（255，194，119），并选择合适的字体和字号。

3 单击"图层"面板下方的"添加图层样式"按钮 ，选择"斜面和
浮雕"命令，在弹出的对话框中将选项设置为如图所示，然后单击"确
定"按钮。

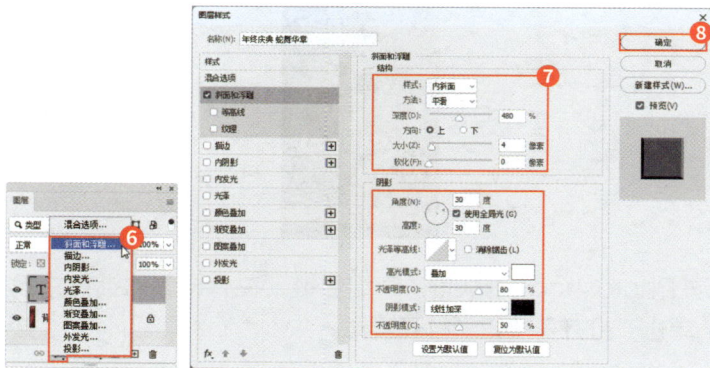

4 选择"矩形工具" ，在属性栏的"选择工具模式"选项中选择"形状"，
将填充颜色设置为淡橙色（255，194，119），圆角的半径设置为 37
像素，然后绘制一个矩形。

5 按 Ctrl+J 组合键，复制矩形并调整大小。在属性栏中，将填充颜色
设置为无，描边颜色设置为淡橙色（255，194，119），粗细设置为
2 像素，效果如图所示。

6 选择"横排文字工具" T.，在图像窗口中输入需要的文字。在"字符"面板中设置文字为深红色（163，0，2），并选择合适的字体和字号。

7 在按住 Ctrl 键的同时单击"年终盛典 蛇舞华章"图层，同时选取需要的图层。按 Ctrl+G 组合键，群组图层，并将其命名为"标题"。

8 选择"矩形工具" □.，在属性栏中，将描边颜色设置为淡橙色（255，194，119），粗细设置为 2 像素，然后绘制一个矩形。

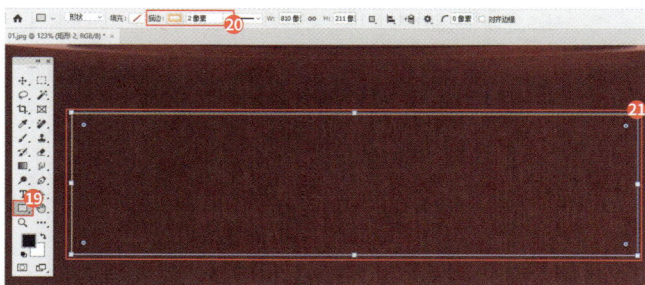

9 选择"椭圆工具" ，先用鼠标绘制一个圆形，然后按住 Shift 键。在属性栏中，将填充颜色设置为淡橙色（255，194，119），描边颜色设置为无。使用上述的方法分别复制圆形并调整位置，效果如图所示。

10 选择"横排文字工具" ，在图像窗口中拖曳出一个文本框，输入需要的文字。在"字符"面板中设置文字为黑色，并选择合适的字体和字号。

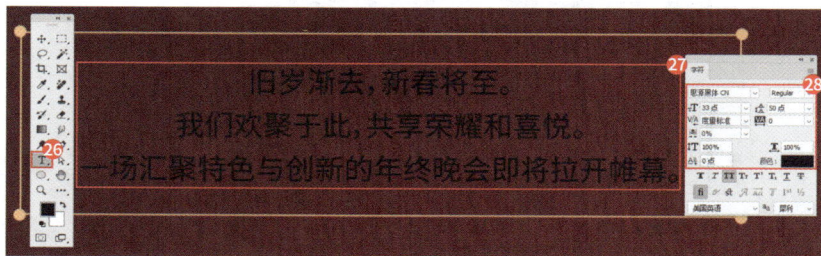

11 单击"图层"面板下方的"添加图层样式"按钮 *fx*，选择"渐变叠加"命令，在弹出的对话框中单击"渐变"选项右侧的"点按可编辑渐变"按钮 ▬▬▬▬ 。

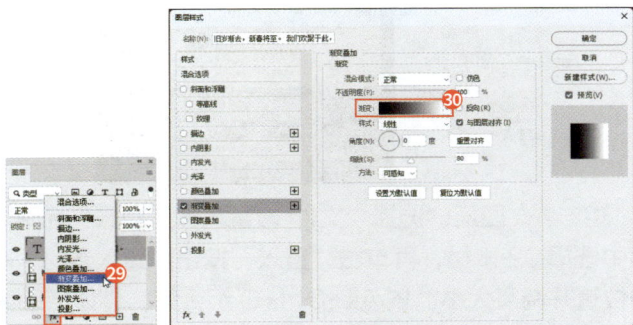

12 弹出"渐变编辑器"对话框，在"位置"选项中分别设置 0、100 两个位置点，然后分别设置 RGB 值为（255，218，182）、（255，194，119），单击"确定"按钮。返回到"渐变叠加"对话框，其他选项的设置如图所示，单击"确定"按钮。

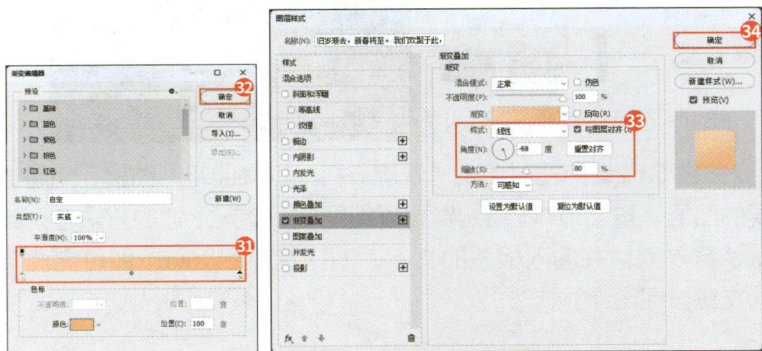

13 在按住 Ctrl 键的同时单击"矩形 2"图层，同时选取需要的图层。按 Ctrl+G 组合键，群组图层，并将其命名为"开场词"。

14 使用上述的方法分别绘制形状、输入文字并添加渐变叠加效果，效果如图所示。

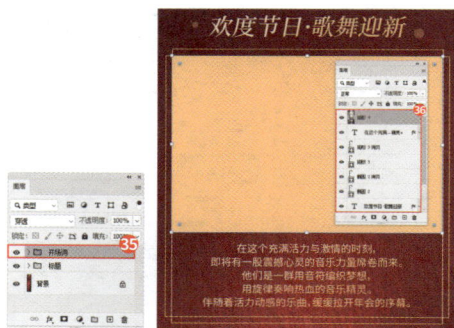

15 选中"矩形 4"图层。选择"文件 > 置入嵌入对象"命令，在弹出的对话框中选择 02 素材，再单击"置入"按钮，置入素材，将其拖曳到适当的位置并调整大小。按 Alt+Ctrl+G 组合键，创建剪贴蒙版。

16 在按住 Ctrl 键的同时单击"欢度节日·歌舞迎新"图层，同时选取需要的图层，按 Ctrl+G 组合键，群组图层。使用上述的方法分别绘制形状、置入素材并输入相关的文字，制作其他图层组，即可完成年会活动文章长图设计。

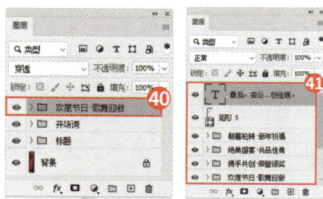

03　招聘详情：如何制作投身优质企业的应聘指南？

　　在招聘详情主题的文章长图的设计中，需要注重信息的完整性，通常包括公司的基本信息、招聘的岗位信息和引导性信息等。因为信息量较大，所以需要划分出明确的内容板块，使整个长图看起来结构清晰。

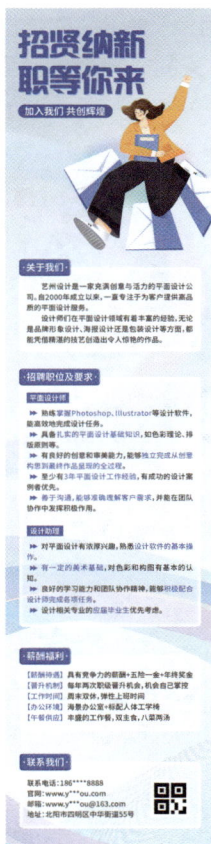

1 启动 Photoshop，按 Ctrl+O 组合键，在弹出的对话框中选择 01 素材，单击"打开"按钮，打开素材。

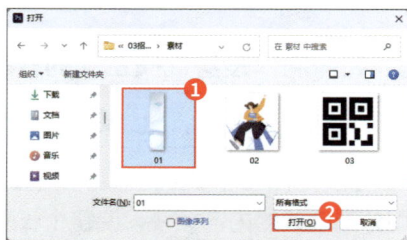

2 选择"文件 > 置入嵌入对象"命令，在弹出的对话框中选择 02 素材，再单击"置入"按钮，置入素材，将其拖曳到适当的位置并调整大小。

3 选择"横排文字工具" T.，在图像窗口中输入需要的文字。在"字符"面板中设置文字为浅蓝色（141，191，255），并选择合适的字体和字号。

4 按 Ctrl+J 组合键，复制文字并调整位置。在"字符"面板中设置文字为深蓝色（42，90，216），形成文字投影效果。

5 选择"矩形工具"▢，在属性栏的"选择工具模式"选项中选择"形状"，将填充颜色设置为深蓝色（42，90，216），圆角的半径设置为 33 像素，然后绘制一个矩形。

6 选择"横排文字工具"T，在图像窗口中输入需要的文字。在"字符"面板中设置文字为白色，并选择合适的字体和字号。

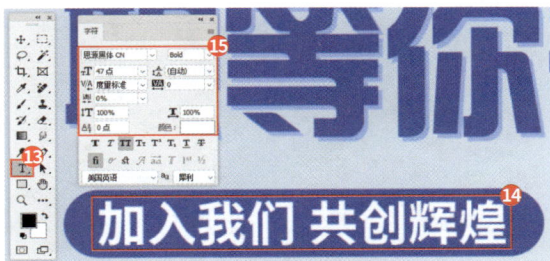

7 选择"矩形工具"▢，在属性栏中，将填充颜色设置为白色，圆角的半径设置为 15 像素，然后绘制一个矩形。在"图层"面板中设置填充为 58%。

8 单击"图层"面板下方的"添加图层样式"按钮，选择"描边"命令，在弹出的对话框中将描边颜色设置为白色，其他选项的设置如图所示。

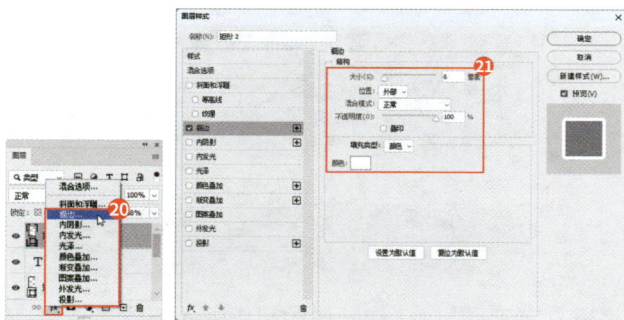

9 选择"内发光"选项卡，切换到相应的对话框。设置发光颜色为白色，其他选项的设置如图所示，然后单击"确定"按钮。

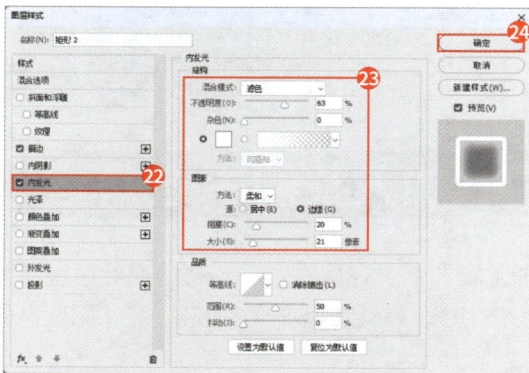

10 选择"矩形工具" ▢，绘制一个矩形。在属性栏中，将填充颜色设置为中蓝色（62，114，253）。

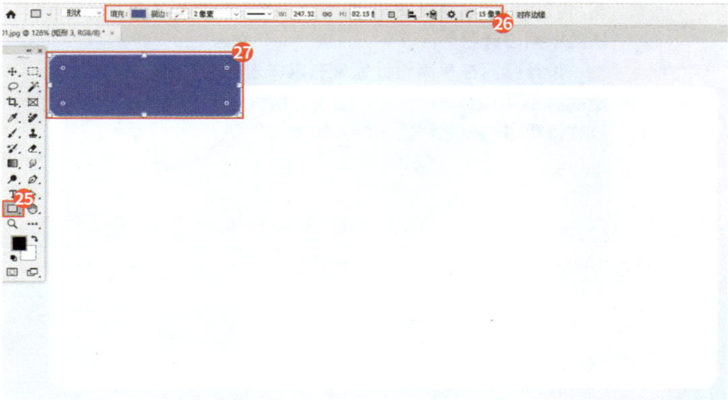

11 单击"图层"面板下方的"添加图层样式"按钮 _fx_，选择"斜面和浮雕"命令，在弹出的对话框中将选项设置为如图所示，然后单击"确定"按钮。

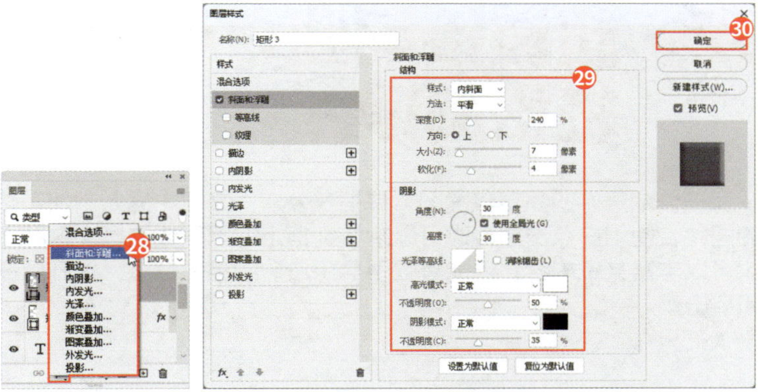

12 使用上述的方法分别输入文字，效果如图所示。在按住 Ctrl 键的同时单击"矩形 2"图层，同时选取需要的图层，按 Ctrl+G 组合键，群组图层，并将其命名为"关于我们"。

13 使用上述的方法分别输入文字、绘制形状并添加图层样式，制作其他图层组，即可完成招聘详情文章长图设计。

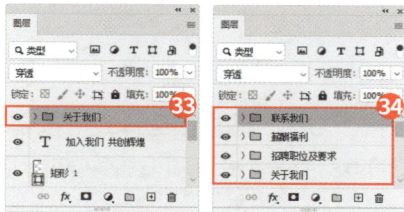

3.2 超链接配图：引导读者轻松阅读

微信公众号中的超链接配图，是指在公众号文章中插入添加了超链接的图片，使用户点击图片时可以跳转到指定的网页或文章。这种方式不仅可以丰富文章内容，还能有效引导用户访问相关链接，提升用户体验和点击率。

1 启动 Photoshop，按 Ctrl+N 组合键，弹出"新建文档"对话框，设置宽度为 600 像素，高度为 200 像素，分辨率为 72 像素 / 英寸，颜色模式为 RGB 颜色。单击"创建"按钮，新建文档。

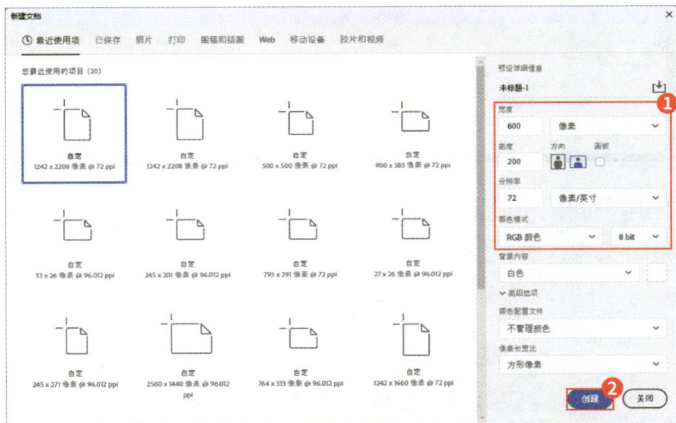

2 选择"文件 > 置入嵌入对象"命令，在弹出的对话框中选择 01 素材，再单击"置入"按钮，置入素材，将其拖曳到适当的位置并调整大小。

3 在"调整"面板中，单击"人像"选项组中的"较暗"，为图像调色并生成调整图层。

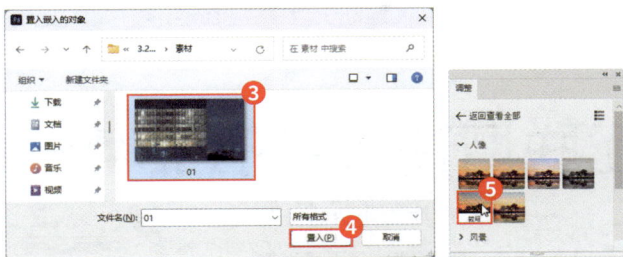

4 选择"矩形工具" ▢，在属性栏的"选择工具模式"选项中选择"形状"，将填充颜色设置为白色，然后绘制一个矩形。

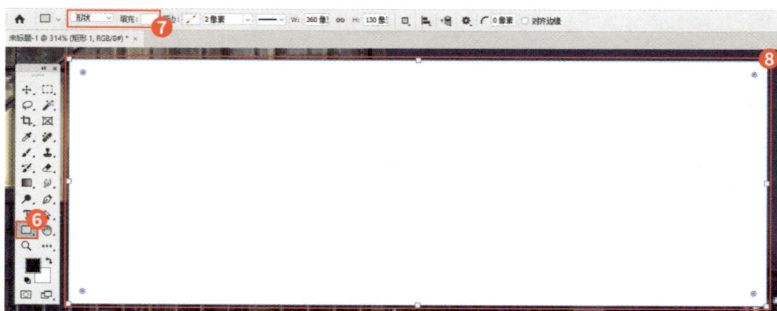

5 在"图层"面板中设置不透明度为 75%。选择"横排文字工具" ![T.]，在图像窗口中输入需要的文字。在"字符"面板中设置文字为藏蓝色（0，46，79），并选择合适的字体和字号。

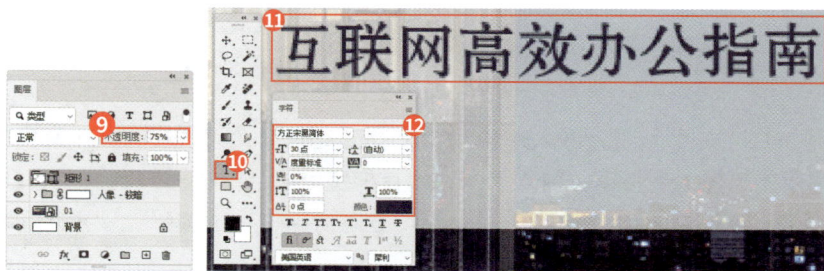

6 使用相同的方法分别输入其他文字并绘制矩形，即可完成超链接配图设计。

3.3 扫码关注：规划流畅的关注路径

微信公众号中的扫码关注图，是指在微信公众号推广过程中，专门为引导用户扫描二维码关注公众号而设计制作的图片。在此类配图中，通常包含代表公众号的关键文字信息和醒目的二维码图案。

01 简约风格：如何打造极简风格的美学表达？

在扫码关注图的设计中，简约风格是常见的风格之一，通常使用简洁的二维码和少量的标题文字，从而突出重点，并营造大气的氛围。

1 启动 Photoshop，按 Ctrl+N 组合键，弹出"新建文档"对话框，设置宽度为 900 像素，高度为 500 像素，分辨率为 72 像素 / 英寸，颜色模式为 RGB 颜色。单击"创建"按钮，新建文档。

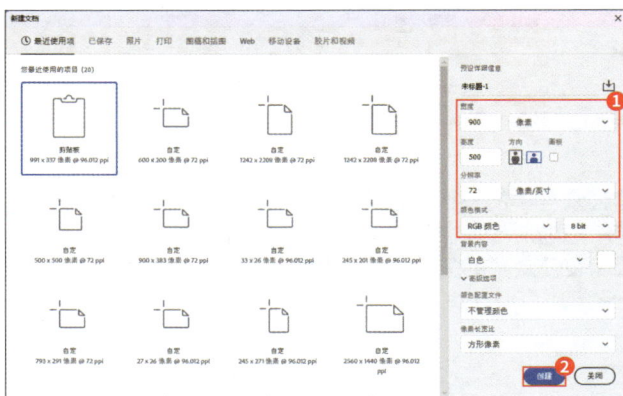

2 选择"文件 > 置入嵌入对象"命令，在弹出的对话框中选择 01 素材，再单击"置入"按钮，置入素材。使用相同的方法置入 02 素材，效果如图所示。

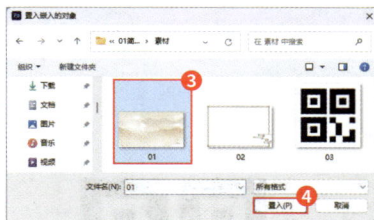

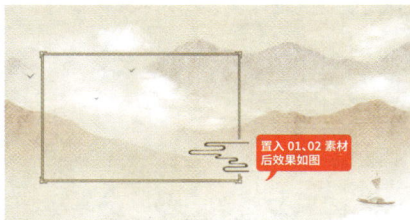

3 选择"横排文字工具" T，在图像窗口中输入需要的文字。在"字符"面板中设置文字为土黄色（132，109，49），并选择合适的字体和字号。

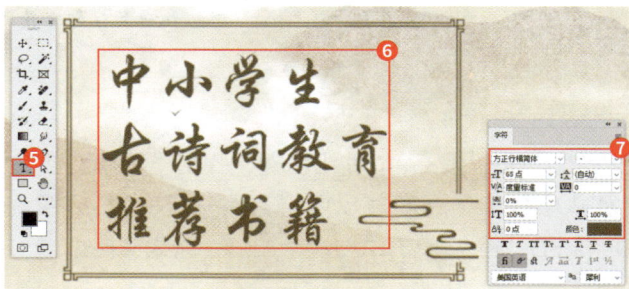

4 选择"椭圆工具" ○ ，在属性栏的"选择工具模式"选项中选择"形状"，将填充颜色设置为红色（255，0，0），然后在按住 Shift 键的同时绘制一个圆形。在"图层"面板中设置不透明度为 22%。

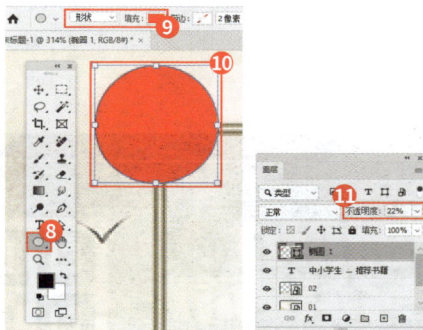

5 按 Ctrl+J 组合键，复制形状，并拖曳到适当的位置。使用上述的方法分别置入 03 素材并输入文字，即可完成简约风格扫码关注图设计。

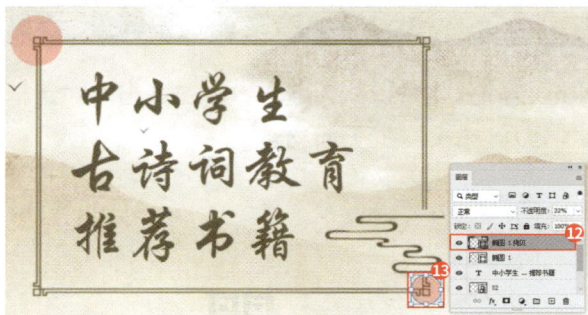

02 潮流风格：如何设计独特个性的时尚密码？

　　潮流风格的扫码关注图可以更好地吸引年轻人的注意，给人高端、时尚的感觉。通常使用具有设计感的文字，搭配概括性的说明文字，激发用户兴趣。

1 启动 Photoshop，按 Ctrl+O 组合键，在弹出的对话框中选择 01 素材，单击"打开"按钮，打开素材。

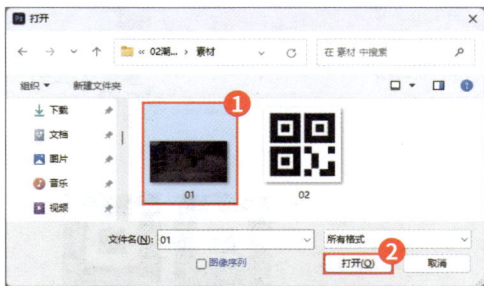

2 选择"钢笔工具" ，在属性栏的"选择工具模式"选项中选择"形状"，将描边颜色设置为白色，粗细设置为 3 像素，然后绘制形状。

3 再次绘制一条斜线，在属性栏中，将粗细设置为 4 像素。

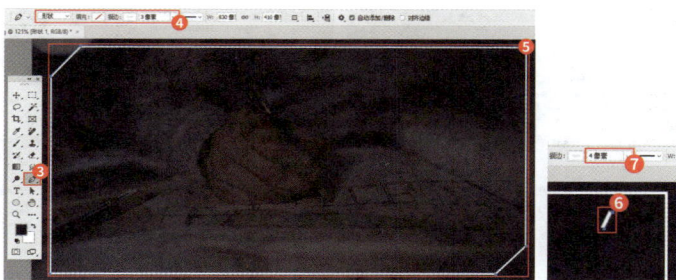

4 按 Ctrl+J 组合键，复制形状，并拖曳到适当的位置。使用相同的方法复制多个形状，效果如图所示。

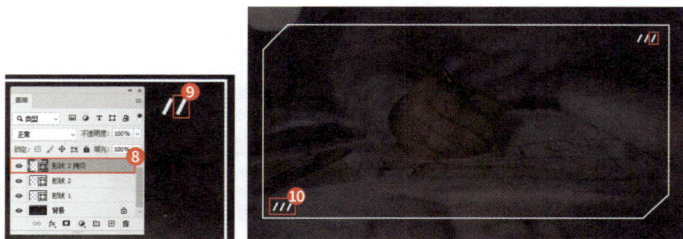

5 选择"横排文字工具" T.，在图像窗口中输入需要的文字。在"字符"面板中设置文字为洋红色（255，0，234），并选择合适的字体和字号。

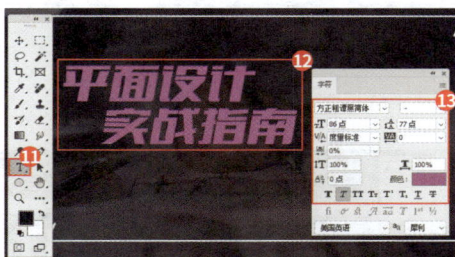

6 按 Ctrl+J 组合键，复制文字，在"字符"面板中设置文字为浅蓝色（0，240，255），将其向左拖曳到适当的位置。

7 按 Ctrl+J 组合键，复制文字，在"字符"面板中设置文字为白色，将其向右拖曳到适当的位置。

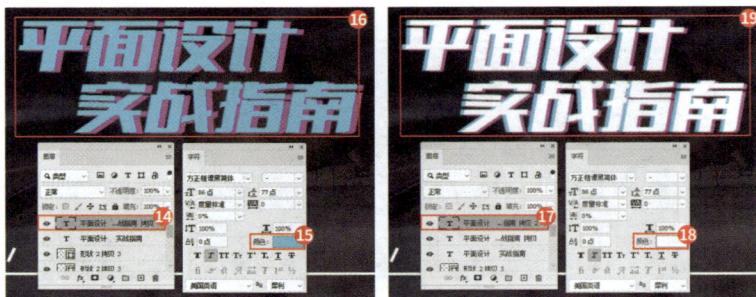

⑧ 选择"矩形工具" ▢，在属性栏中，将填充颜色设置为白色，然后绘制一个矩形。

⑨ 选择"横排文字工具" T，在图像窗口中输入需要的文字。在"字符"面板中设置文字为白色，并选择合适的字体和字号。

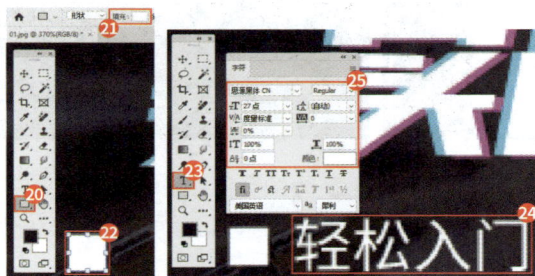

⑩ 使用上述的方法分别绘制形状、输入文字并置入 02 素材，即可完成潮流风扫码关注图设计。

秒懂创意设计：
PS+AI
实例精讲（全彩印刷）

▶ 第 **4** 章 ◀

网店商品营销推广图设计：设计助力促销的视觉营销利器

网店商品营销推广图是在电商平台上用于展示和推广商品的视觉设计，它是电商营销的重要视觉工具，能够吸引潜在顾客的注意力，激发他们对商品的兴趣。本章将带领读者熟练掌握网店主图、网店直通车图、网店钻展图、PC 端店铺海报和手机端店铺海报的常见风格和设计方法，使读者可以应用所学的知识完成网店商品营销推广图的视觉设计。

4.1 网店主图：设计吸引流量的首要视觉元素

网店主图是网店商品展示页面中的核心图片。它能直观地展示商品的主要特征，给予消费者第一印象。因此，在设计中需要精准传达商品信息，提高顾客的购买欲望。

01 家居产品：如何演绎家居之美的实用物件？

在家居产品类网店主图的设计中，需要适当使用家居场景，并完整地展示产品的外观，使顾客能够想象产品在实际环境中的应用效果。同时，在文字信息中应体现产品的材质和卖点。

1 启动 Photoshop，按 Ctrl+N 组合键，弹出"新建文档"对话框，设置宽度为 800 像素，高度为 800 像素，分辨率为 72 像素 / 英寸，颜色模式为 RGB 颜色。单击"创建"按钮，新建文档。

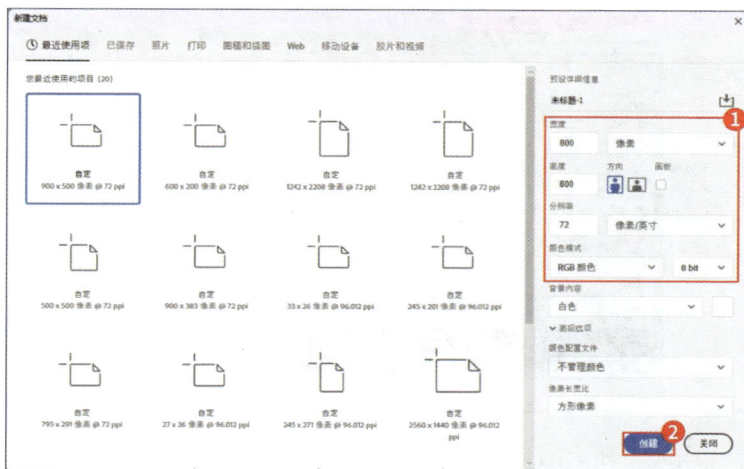

2 选择"文件 > 置入嵌入对象"命令，在弹出的对话框中选择 01 素材，再单击"置入"按钮，置入素材，将其拖曳到适当的位置并调整大小。

3 在"调整"面板中，单击"风景"选项组中的"凸显"，为图像调色并生成调整图层。

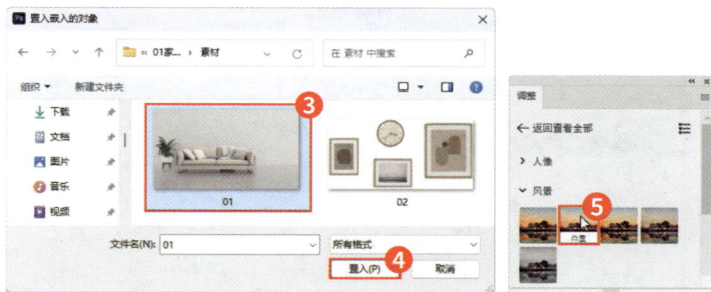

4 选择"矩形工具" ，在属性栏的"选择工具模式"选项中选择"形状"，将填充颜色设置为黑色，然后绘制一个矩形。单击"图层"面板下方的"添加图层样式"按钮 ，选择"渐变叠加"命令。

5 在弹出的对话框中单击"渐变"选项右侧的"点按可编辑渐变"按钮 ▓▓▓▓▓▓ 。

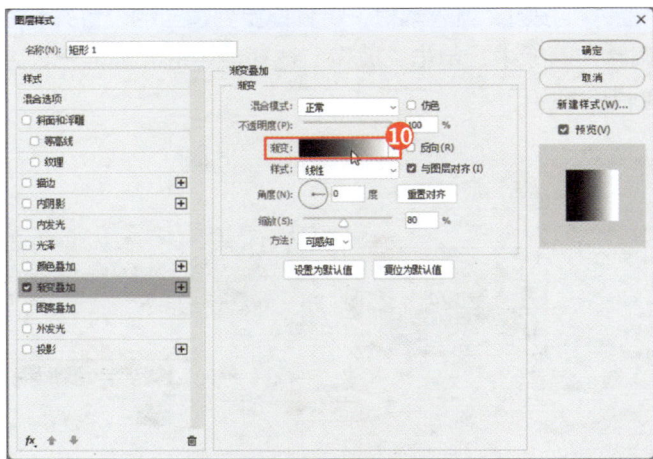

6 弹出"渐变编辑器"对话框，在"位置"选项中分别设置 0、100 两个位置点，然后分别设置 RGB 值为（68，41，1）、（111，66，0），单击"确定"按钮。返回到"渐变叠加"对话框，其他选项的设置如图所示，单击"确定"按钮。

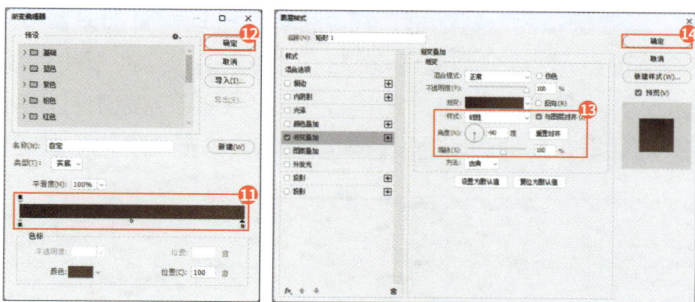

7 选择"钢笔工具" ⬚，在图像窗口中绘制形状。

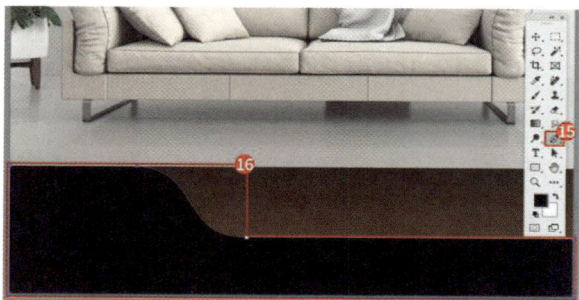

8 单击"图层"面板下方的"添加图层样式"按钮 ⬚，选择"渐变叠加"命令，在弹出的对话框中单击"渐变"选项右侧的"点按可编辑渐变"按钮 ⬚。

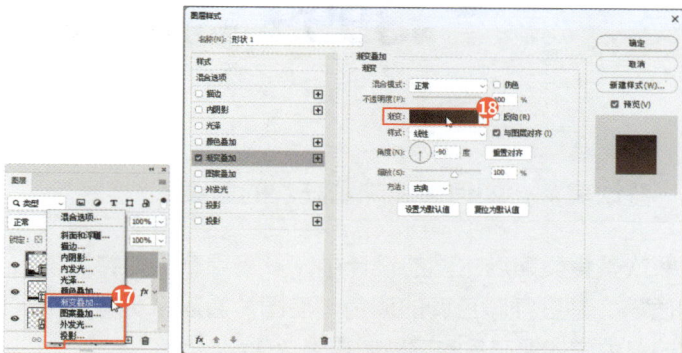

9 弹出"渐变编辑器"对话框，在"位置"选项中分别设置 0、50、100 三个位置点，然后分别设置 RGB 值为（253，219，151）、（252，235，200）、（253，219，151），单击"确定"按钮。返回到"渐变叠加"对话框，其他选项的设置如图所示，单击"确定"按钮。

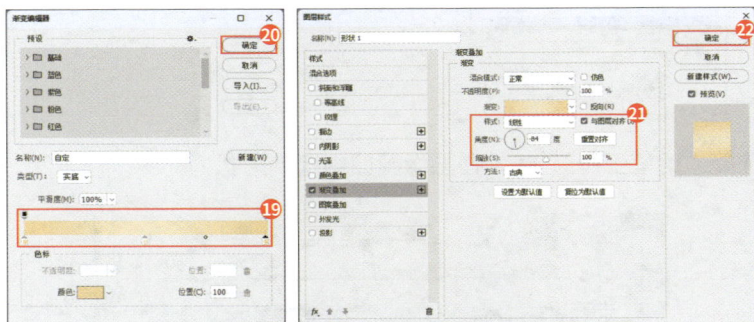

10 选择"横排文字工具" T，在图像窗口中输入需要的文字。在"字符"面板中设置文字为褐色（68，41，1），并选择合适的字体和字号。使用相同的方法分别输入其他文字，即可完成家居类主图设计。

02 餐饮美食：如何展现味蕾狂欢的盛宴？

在餐饮美食类网店主图的设计中，多采用产品的特写镜头，突出食物的质感，并进行暖色调的调色，使图片看起来更有食欲。同时，在文字信息中应体现产品的数量或重量。

1 启动 Photoshop，按 Ctrl+N 组合键，弹出"新建文档"对话框，设置宽度为 800 像素，高度为 800 像素，分辨率为 72 像素 / 英寸，颜色模式为 RGB 颜色。单击"创建"按钮，新建文档。

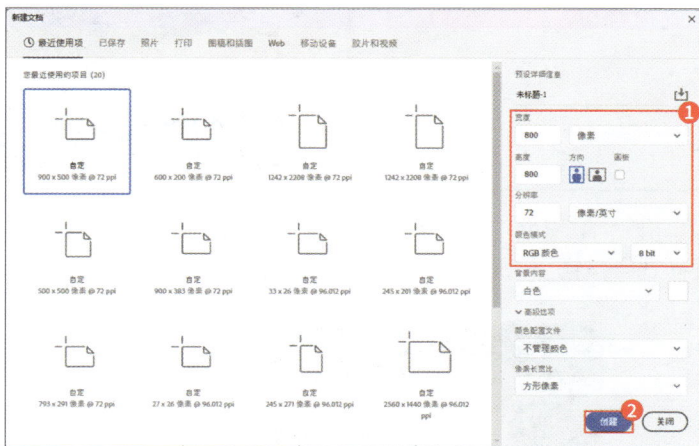

2 选择"文件 > 置入嵌入对象"命令，在弹出的对话框中选择 01 素材，再单击"置入"按钮，置入素材，将其拖曳到适当的位置并调整大小。
3 在"调整"面板中，单击"人像"选项组中的"阳光"，为图像调色并生成调整图层。

4 选择"矩形工具" ，在属性栏的"选择工具模式"选项中选择"形状"，将填充颜色设置为白色，然后绘制一个与画面大小相等的矩形。
5 在属性栏中单击"路径操作"按钮 ，选择"减去顶层形状" ，将圆角的半径设置为 26 像素，然后绘制一个矩形。

6 再次绘制一个矩形，效果如图所示。单击"图层"面板下方的"添加图层样式"按钮 ，选择"渐变叠加"命令。

7 在弹出的对话框中单击"渐变"选项右侧的"点按可编辑渐变"按钮 . 。

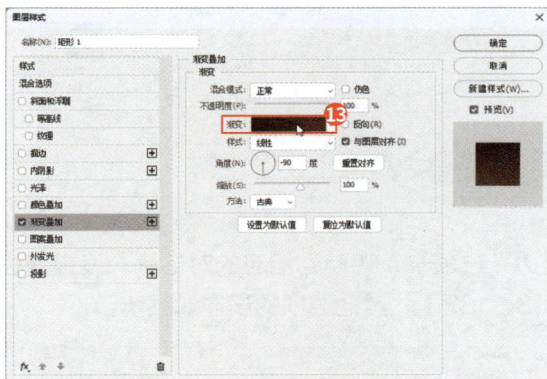

8 弹出"渐变编辑器"对话框，在"位置"选项中分别设置 0、100 两个位置点，然后分别设置 RGB 值为（0，78，86）、（13，143，156），单击"确定"按钮。返回到"渐变叠加"对话框，其他选项的设置如图所示。

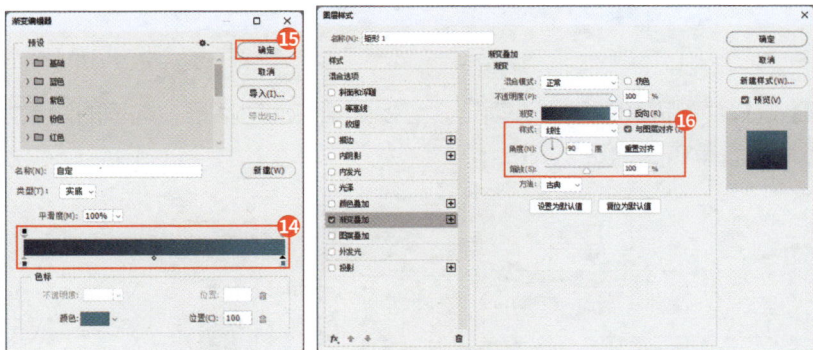

9 选择"内阴影"选项卡，切换到相应的对话框。设置阴影颜色为白色，其他选项的设置如图所示。

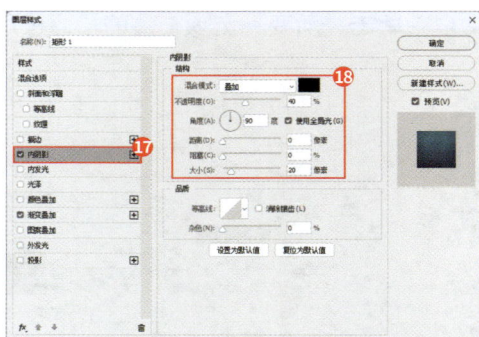

10 选择"描边"选项卡，切换到相应的对话框。设置描边颜色为淡橘色（237，213，182），其他选项的设置如图所示。

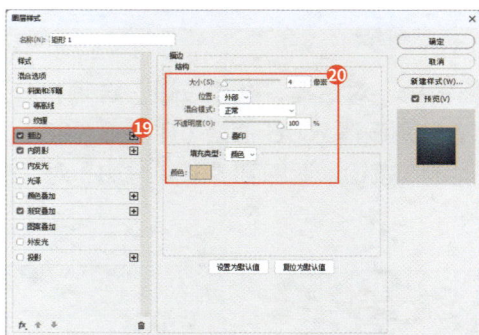

11 选择"斜面和浮雕"选项卡，切换到相应的对话框，选项的设置如图所示，单击"确定"按钮。

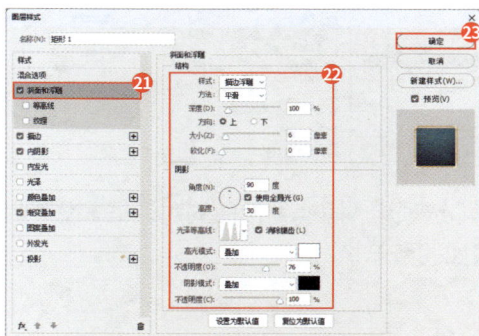

12 选择"矩形工具" □ ，在属性栏中，将填充颜色设置为白色，圆角的半径设置为 16 像素，然后绘制一个矩形。

13 选择"椭圆工具" ○ ，在属性栏中单击"路径操作"按钮 □ ，选择"合并形状" ▣ ，然后绘制一个椭圆形。

14 选择"路径选择工具" ▶ ，然后在按住 Alt+Shift 键的同时向右拖曳，复制椭圆形。使用上述的方法为图形添加多个图层样式，效果如图所示。

15 选择"横排文字工具" T ，在图像窗口中输入需要的文字。在"字符"面板中设置文字为黑色，并选择合适的字体和字号。

16 单击"图层"面板下方的"添加图层样式"按钮 fx，选择"渐变叠加"命令，在弹出的对话框中单击"渐变"选项右侧的"点按可编辑渐变"按钮 ▇▇▇▇ 。

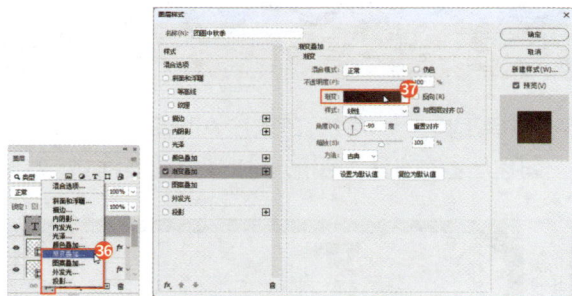

17 弹出"渐变编辑器"对话框，在"位置"选项中分别设置 0、100 两个位置点，然后分别设置 RGB 值为（255，230，193）、（255，243，229），单击"确定"按钮。返回到"渐变叠加"对话框，其他选项的设置如图所示，单击"确定"按钮。

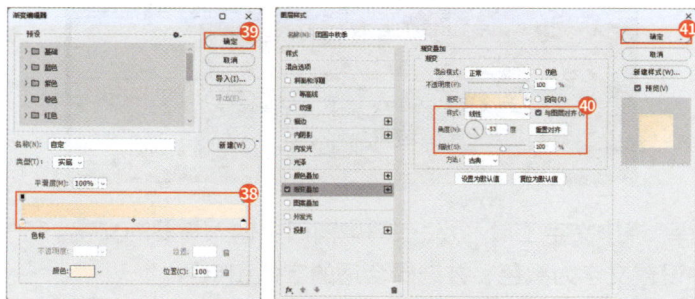

18 使用上述的方法分别输入文字、绘制形状并添加图层样式，即可完成美食类主图设计。

4.2 网店直通车图：设计提升转化率的视觉引导

网店直通车图是电商平台中用于付费推广的广告图片，主要出现在搜索结果页、首页推荐位等醒目位置。它是吸引用户点击、提升流量和转化率的关键视觉元素。

01　电子产品：如何呈现引领现代生活的科技潮品？

在电子产品类网店直通车图的设计中，需要突出产品的科技感、功能性和促销信息。在布局上，需要确保产品在图片中的主要位置，并与背景色调产生对比，从而凸显主体。

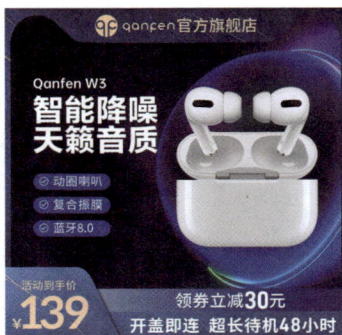

1 启动 Photoshop，按 Ctrl+O 组合键，在弹出的对话框中选择 01 素材，再单击"打开"按钮，打开素材。

2 在"调整"面板中，单击"人像"选项组中的"忧郁蓝"，为图像调色并生成调整图层。

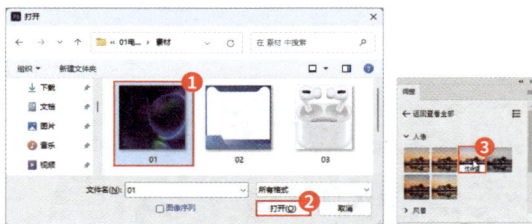

3 选择"文件 > 置入嵌入对象"命令，在弹出的对话框中选择 02 素材，再单击"置入"按钮，置入素材。使用相同的方法分别置入 03 和 04 素材，将其拖曳到适当的位置并调整大小，效果如图所示。

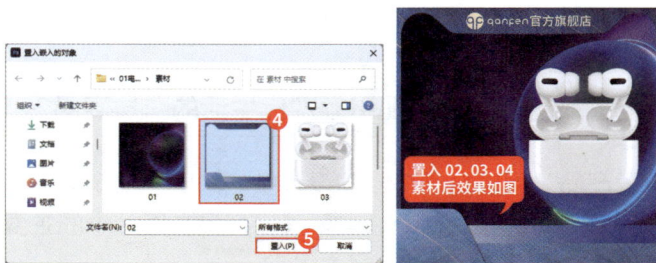

置入 02、03、04 素材后效果如图

4 选择"横排文字工具" T.，在图像窗口中输入需要的文字。在"字符"面板中设置文字为白色，并选择合适的字体和字号。使用相同的方法再次输入文字，效果如图所示。

5 选择"矩形工具" □.，在属性栏的"选择工具模式"选项中选择"形状"，将填充颜色设置为深蓝色（15，99，201），圆角的半径设置为 20 像素，然后绘制一个矩形。

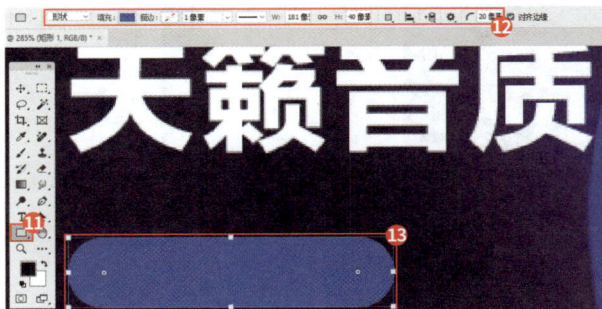

6 选择"文件 > 置入嵌入对象"命令，在弹出的对话框中选择 05 素材，再单击"置入"按钮，置入素材，将其拖曳到适当的位置并调整大小。

7 选择"横排文字工具" T.，在图像窗口中输入需要的文字。在"字符"面板中设置文字为白色，并选择合适的字体和字号。

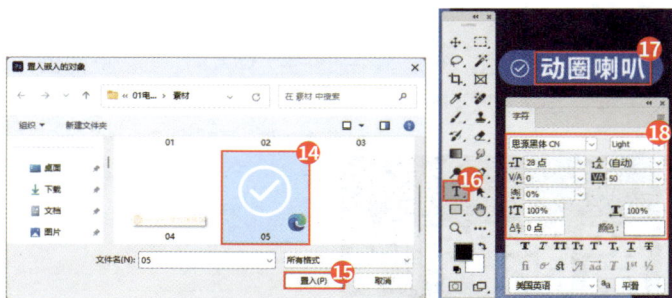

8 使用上述的方法分别绘制形状并输入文字，效果如图所示。单击"图层"面板下方的"创建新的填充或调整图层"按钮 ，选择"亮度/对比度"命令，弹出"属性"面板，设置如图所示，即可完成电子产品直通车图设计。

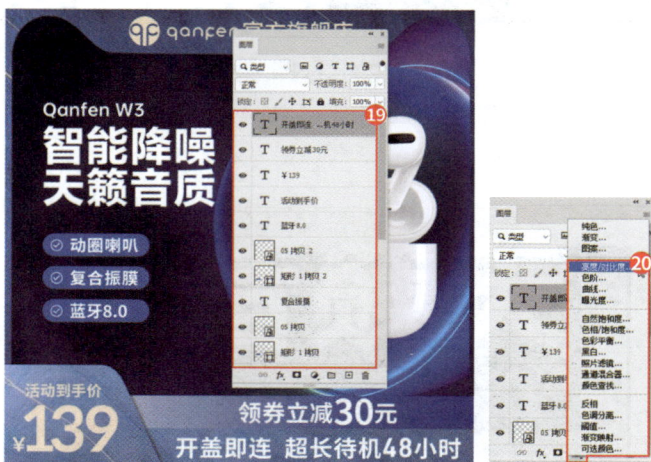

02　家电产品：如何展示提升生活品质的家居电器？

在家电产品类网店直通车图的设计中，需要突出产品的功能性、实用性和促销信息。在设计中，可以使用产品斜侧角度的照片，增加立体感。同时，应突出产品的功能亮点和关键信息。

1 启动 Photoshop，按 Ctrl+N 组合键，弹出"新建文档"对话框，设置宽度为 800 像素，高度为 800 像素，分辨率为 72 像素 / 英寸，颜色模式为 RGB 颜色。单击"创建"按钮，新建文档。

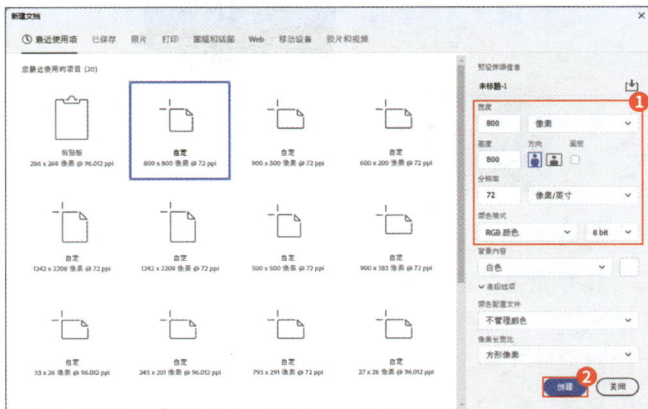

2 选择"文件 > 置入嵌入对象"命令，在弹出的对话框中选择 01 素材，再单击"置入"按钮，置入素材，将其拖曳到适当的位置并调整大小。

3 选择"文件 > 置入嵌入对象"命令，在弹出的对话框中选择 02 素材，再单击"置入"按钮，置入素材。使用相同的方法置入 03 素材，效果如图所示。

4 选择"滤镜 > Neural Filters"命令，在弹出的面板中启动"协调"选项。在"参考图像"选项中，选择"01"图层。在"输出"选项中，选择"智能滤镜"，单击"确定"按钮。

5 选择"横排文字工具" T.，在图像窗口中输入需要的文字。在"字符"面板中设置文字为白色，并选择合适的字体和字号。

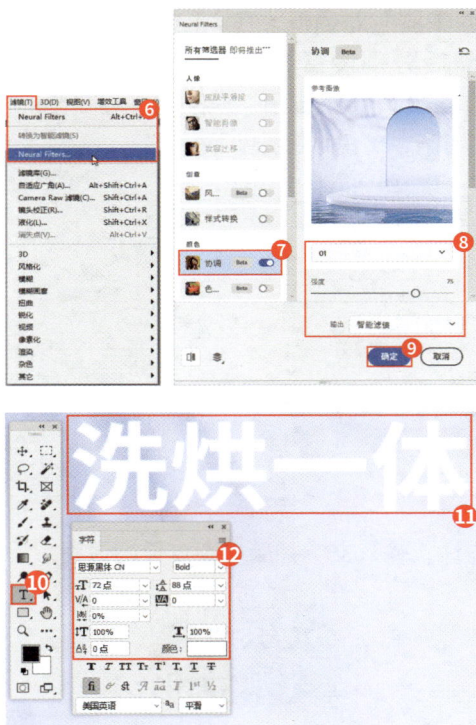

6 单击"图层"面板下方的"添加图层样式"按钮 fx ，选择"渐变叠加"命令，在弹出的对话框中单击"渐变"选项右侧的"点按可编辑渐变"按钮 ▆▆▆▆▆ 。

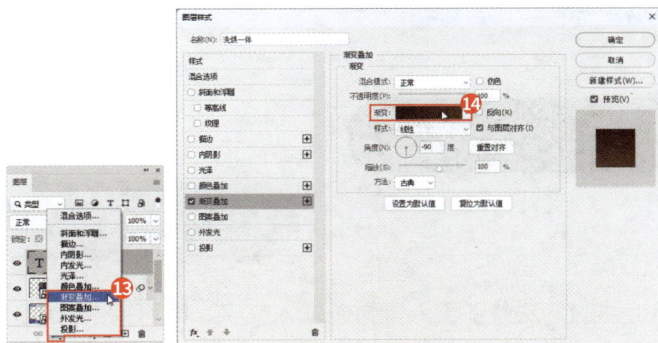

7 弹出"渐变编辑器"对话框，在"位置"选项中分别设置 0、100 两个位置点，然后分别设置 RGB 值为（84，60，255）、（29，157，255），单击"确定"按钮。返回到"渐变叠加"对话框，其他选项的设置如图所示，单击"确定"按钮。

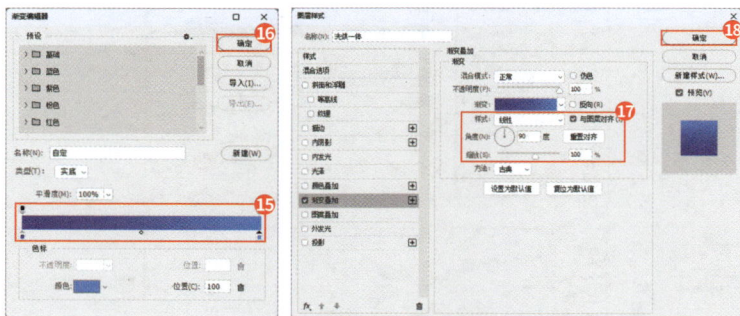

8 使用相同的方法，输入文字并添加渐变叠加效果。

9 选择"矩形工具" ⬚，在属性栏的"选择工具模式"选项中选择"形状"，将填充颜色设置为黑色，圆角的半径设置为 34 像素，然后绘制一个矩形。使用上述的方法为其添加渐变叠加效果。

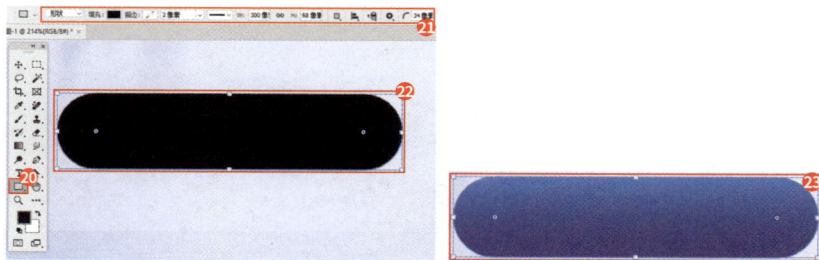

10 使用上述的方法分别置入素材并输入文字，即可完成家电产品直通

车图设计。

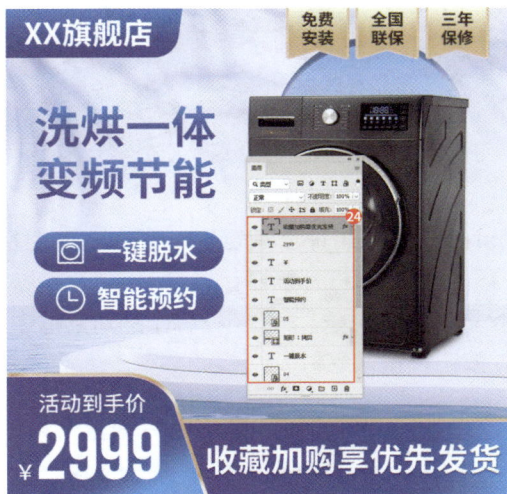

4.3 网店钻展图：打造引流的视觉焦点

网店钻展图是电商平台中的一种付费推广图片，通常出现在平台的首页、频道页或其他高流量位置。商家通过竞价购买广告位，以图片形式展示商品或品牌信息，吸引用户点击并进入店铺或商品页面。

01 美妆护肤：如何呈现肌肤焕新的秘密武器？

在美妆护肤类钻展图的设计中，需要突出产品的功效、品质和品牌形象，因此应展示出产品的整体外观。同时，在文案上应突出促销信息，吸引用户点击。

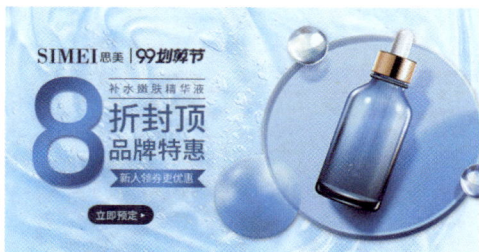

1 启动 Photoshop，按 Ctrl+O 组合键，在弹出的对话框中选择 01 素材，单击"打开"按钮，打开素材。

2 选择"文件 > 置入嵌入对象"命令，在弹出的对话框中选择 02 素材，再单击"置入"按钮，置入素材。

3 选择"滤镜 > Neural Filters"命令。在弹出的面板中启动"协调"选项。在"参考图像"选项中，选择"背景"图层。在"输出"选项中，选择"智能滤镜"，单击"确定"按钮。

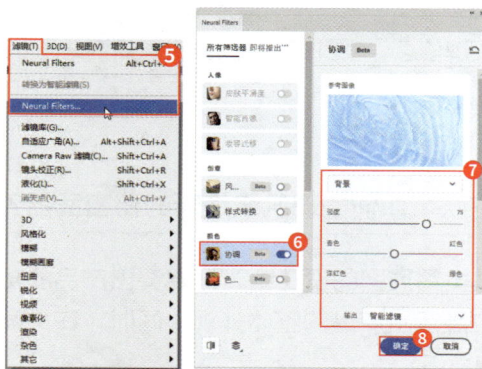

4 单击"图层"面板下方的"创建新的填充或调整图层"按钮 ，选择"亮度 / 对比度"命令，弹出"属性"面板，设置如图所示。

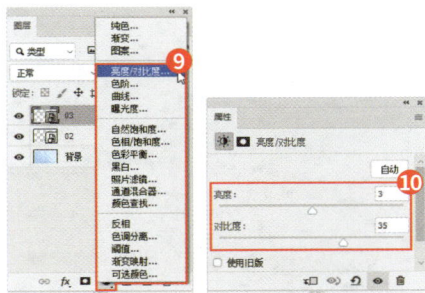

5 使用上述的方法置入 03 素材。选择"横排文字工具" ，在图像窗口中输入需要的文字。在"字符"面板中设置文字为白色，并选择合适的字体和字号。

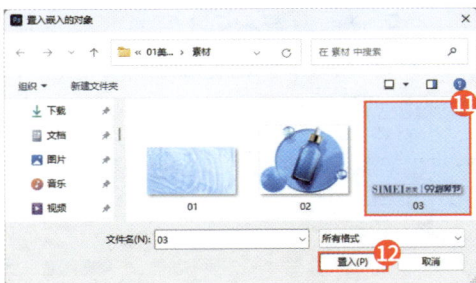

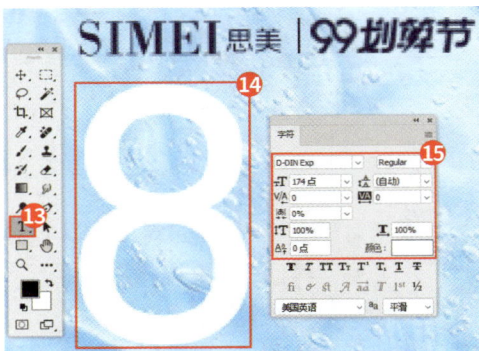

6 单击"图层"面板下方的"添加图层样式"按钮 ▣，选择"渐变叠加"命令，在弹出的对话框中单击"渐变"选项右侧的"点按可编辑渐变"按钮 ▩▩▩▩ 。

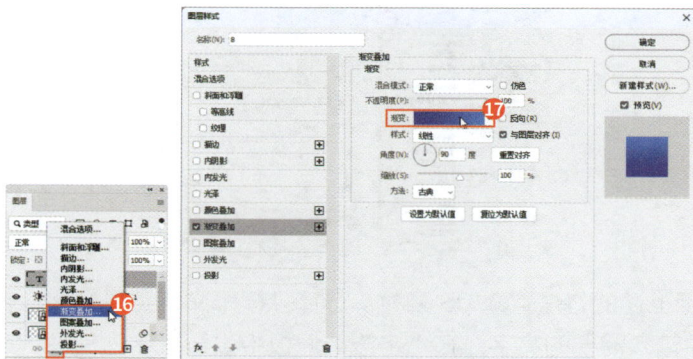

7 弹出"渐变编辑器"对话框，在"位置"选项中分别设置 0、50、100 三个位置点，然后分别设置 RGB 值为（7，97，177）、（0，177，253）、（7，97，177），单击"确定"按钮。返回到"渐变叠加"对话框，其他选项的设置如图所示。

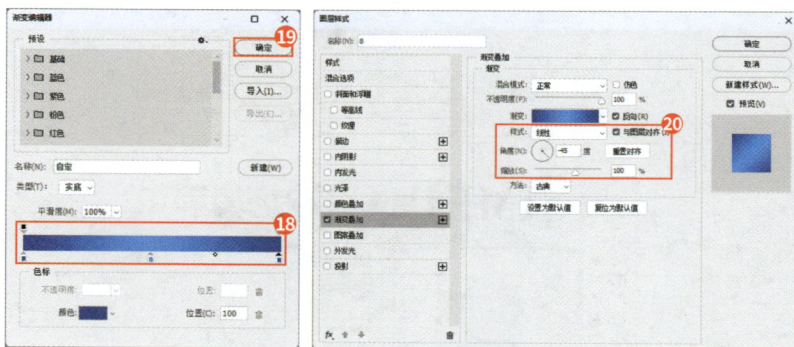

8 选择"投影"选项卡，切换到相应的对话框。设置阴影颜色为淡蓝色（100，161，213），其他选项的设置如图所示，单击"确定"按钮。

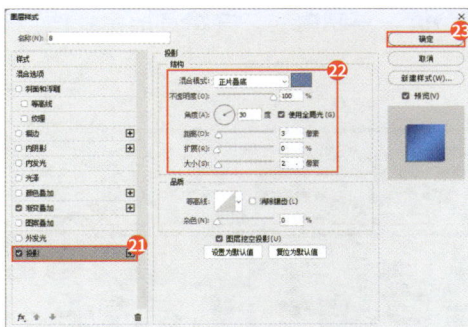

9 选择"横排文字工具" T.，在图像窗口中分别输入需要的文字。在"字符"面板中设置文字为藏青色（4，117，181），并选择合适的字体和字号。

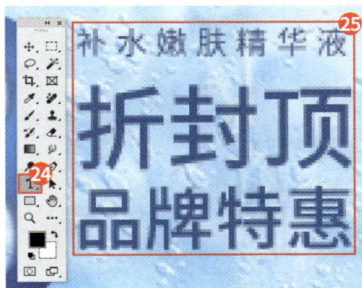

10 选择"钢笔工具" ✐.，在属性栏的"选择工具模式"选项中选择"形状"，将描边颜色设置为藏青色（4，117，181），粗细设置为 0.5 像素，然后在按住 Shift 键的同时绘制一条直线。

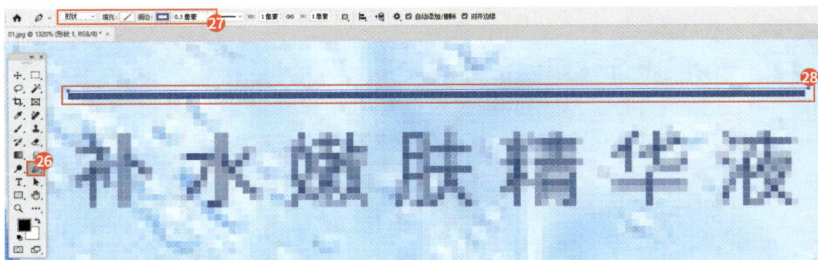

11 按 Ctrl+J 组合键，复制直线，并将其拖曳到适当的位置，效果如图所示。

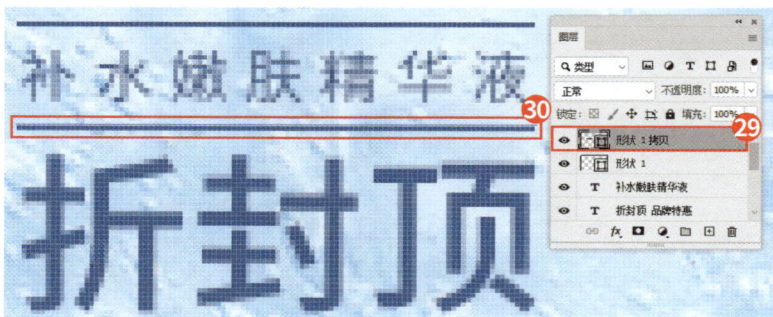

12 使用上述的方法分别绘制形状并输入文字，即可完成美妆护肤钻展图设计。

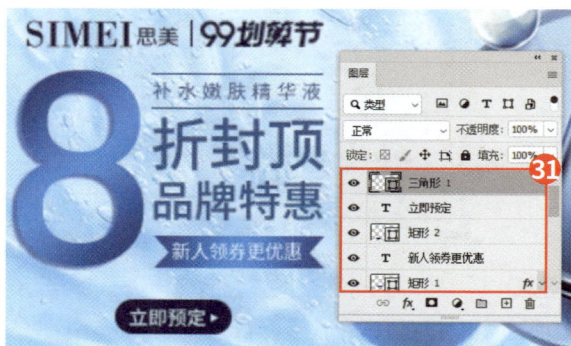

02 　精品服饰：如何彰显时尚品味？

在服饰类钻展图的设计中，需要营造出与主题相符的氛围，突出产品或模特的穿着效果。同时，在色调上不宜过于复杂，整体风格应保持一致。

1 启动 Photoshop，按 Ctrl+N 组合键，弹出"新建文档"对话框，设置宽度为 520 像素，高度为 280 像素，分辨率为 72 像素 / 英寸，颜色模式为 RGB 颜色。单击"创建"按钮，新建文档。

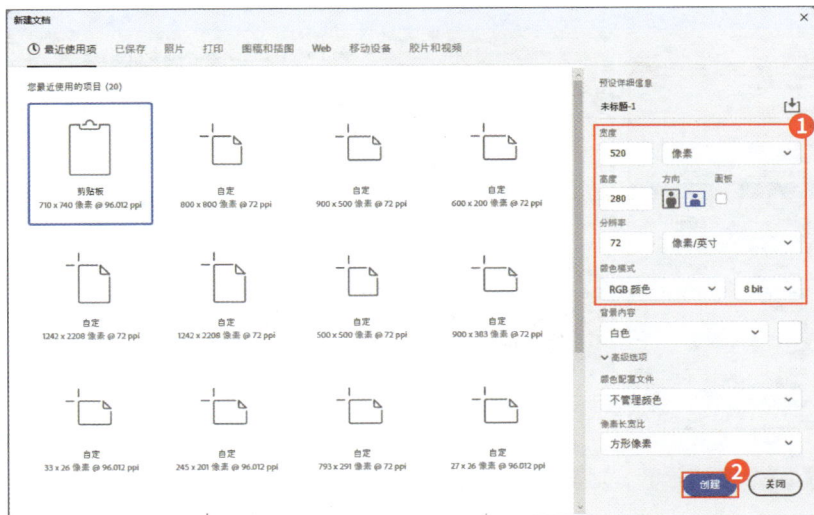

2 选择"文件 > 置入嵌入对象"命令，在弹出的对话框中选择 01 素材，再单击"置入"按钮，置入素材，将其拖曳到适当的位置并调整大小。

3 选择"滤镜 > Camera Raw 滤镜"命令，在弹出的对话框中选择"混色器"选项下的"点颜色"，单击"采样点"颜色按钮 🖉，然后在画面的背景区域单击鼠标左键，确定取样点。

4 设置相关参数，效果如图所示。

5 单击"预设"按钮 ⊙，切换到相应的对话框，展开"人像：中间色皮肤"选项组，选择"PM03"滤镜，单击"确定"按钮。

6 选择"钢笔工具" ⊘，在属性栏的"选择工具模式"选项中选择"形状"，将填充颜色设置为白色，然后绘制形状。

7 按 Ctrl+J 组合键，复制形状，在"图层"面板上方设置不透明度为 47%，将其拖曳到适当的位置并调整大小，效果如图所示。

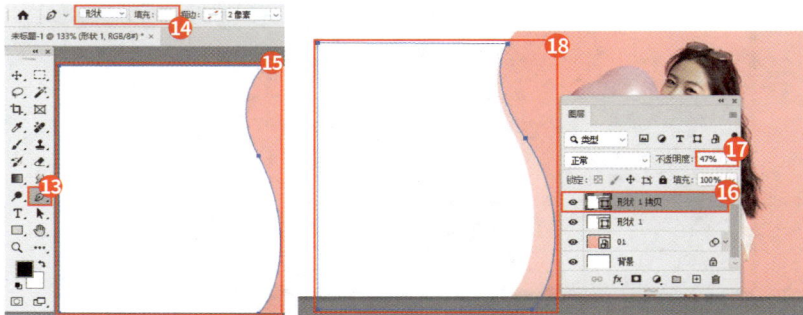

8 取消"形状 1 拷贝"图层的选取状态。选择"矩形工具" ▢，在属性栏中，将填充颜色设置为深粉色（255，111，114），圆角的半径设置为 2 像素，然后绘制一个矩形。

9 选择"椭圆工具" ◯，先用鼠标绘制一个圆形，然后按住 Shift 键。

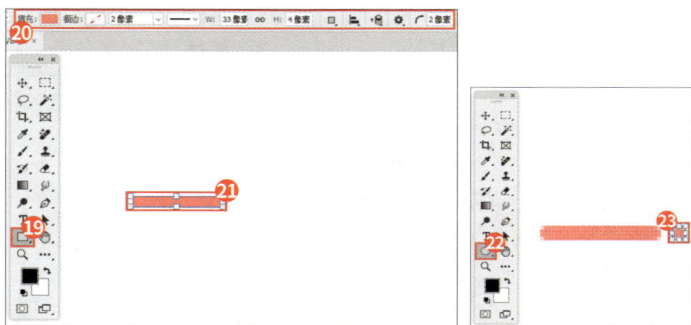

10 选择"横排文字工具" T，在图像窗口中输入需要的文字。在"字符"面板中设置文字为深粉色（255，111，114），并选择合适的字体和字号。

11 使用上述的方法分别输入文字并绘制形状，即可完成精品服饰网店钻展图设计。

4.4　PC 端店铺海报：精准传递店铺资讯

> PC 端店铺海报是指在电脑网页上展示的店铺宣传海报，通常位于店铺首页或商品详情页等显著位置，是用户进入页面后第一个关注的内容，影响着用户对产品的第一印象。

01　电子产品：如何呈现数字化时代的必备工具？

在电子产品类 PC 端店铺海报的设计中，需要将产品作为核心元素，利用色彩的对比来突出产品和重要信息。同时，文字内容要简洁，突出产品的核心卖点。

1 启动 Photoshop，按 Ctrl+O 组合键，在弹出的对话框中选择 01
素材，单击"打开"按钮，打开素材。

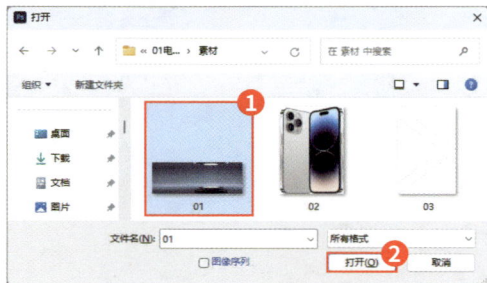

2 选择"文件 > 置入嵌入对象"命令，在弹出的对话框中选择 02 素材，
再单击"置入"按钮，置入素材，将其拖曳到适当的位置并调整大小。

置入 02
素材后
效果如图

3 选择"横排文字工具" T.，在图像窗口中输入需要的文字。在"字符"
面板中设置文字为白色，并选择合适的字体和字号。使用相同的方法
再次分别输入文字，效果如图所示。

4 选择"矩形工具" □ ，在属性栏的"选择工具模式"选项中选择"形状"，将填充颜色设置为玫红色（253，42，77），圆角的半径设置为 27 像素，然后绘制一个矩形。

5 选择"横排文字工具" T. ，在图像窗口中输入需要的文字。在"字符"面板中设置文字为白色，并选择合适的字体和字号。

6 使用上述的方法分别输入文字、绘制形状并置入素材，即可完成电子产品 PC 端店铺海报设计。

121

02 农副果蔬：如何展示果蔬源自绿色生态？

　　在果蔬类 PC 端店铺海报的设计中，需要选择色彩鲜艳的产品照片。同时，在色调上应保持和谐统一，避免使用过于暗淡或者压抑的颜色，以免影响顾客对产品新鲜度的感知。

1 启动 Photoshop，按 Ctrl+N 组合键，弹出"新建文档"对话框，设置宽度为 1920 像素，高度为 700 像素，分辨率为 72 像素 / 英寸，颜色模式为 RGB 颜色，背景内容为深紫色（63，59，140）。单击"创建"按钮，新建文档。

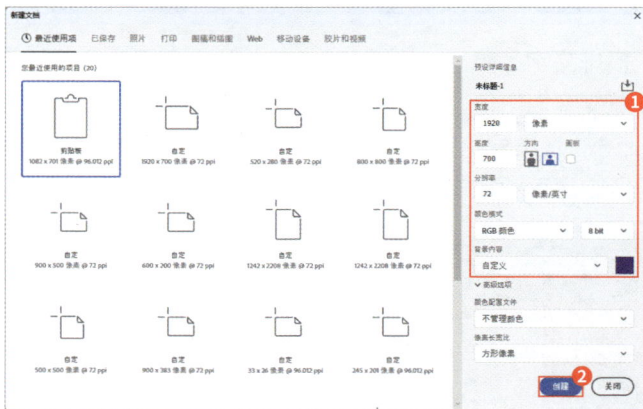

2 选择"矩形工具" ，在属性栏的"选择工具模式"选项中选择"形状"，将填充颜色设置为白色，然后绘制一个矩形。

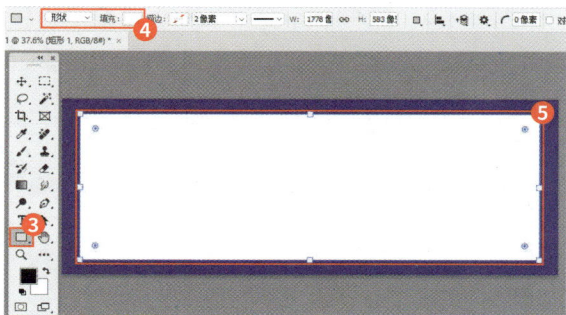

3 选择"椭圆工具" ，先用鼠标绘制一个圆形，然后按住 Shift 键。在属性栏中，将填充颜色设置为暗紫色（144，157，192），描边颜色设置为无。在"图层"面板中设置不透明度为 50%。按 Alt+Ctrl+G 组合键，创建剪贴蒙版。

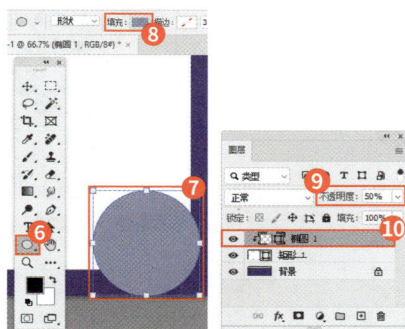

4 使用相同的方法分别绘制多个圆形，效果如图所示。

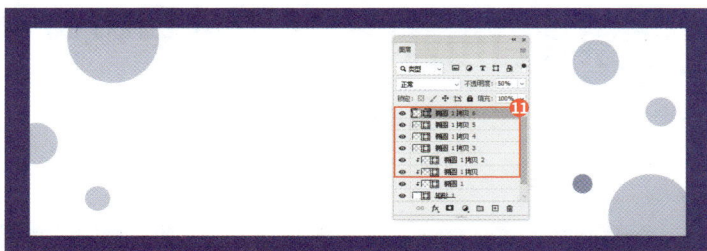

5 选择"矩形工具" ▢ ，绘制一个矩形。在属性栏中，将填充颜色设置为无，描边颜色设置为深紫色（63，59，140），粗细设置为2像素。

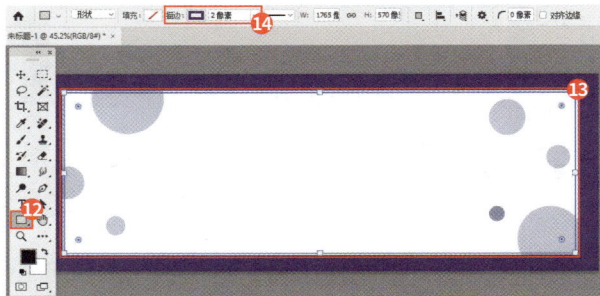

6 选择"文件 > 置入嵌入对象"命令，在弹出的对话框中选择01素材，再单击"置入"按钮，置入素材。

置入 01
素材后
效果如图

7 选择"横排文字工具" T ，在图像窗口中输入需要的文字。在"字符"面板中设置文字为深紫色（63，59，140），并选择合适的字体和字号。使用相同的方法再次输入文字，效果如图所示。

8 选择"钢笔工具" ，在属性栏中，将描边颜色设置为深紫色（63，59，140），粗细设置为 2 像素，然后绘制形状。

9 按 Ctrl+J 组合键，复制形状，并拖曳到适当的位置，效果如图所示。

10 选择"矩形工具" ，绘制一个矩形。在属性栏中，将填充颜色设置为深紫色（63，59，140），描边颜色设置为无。

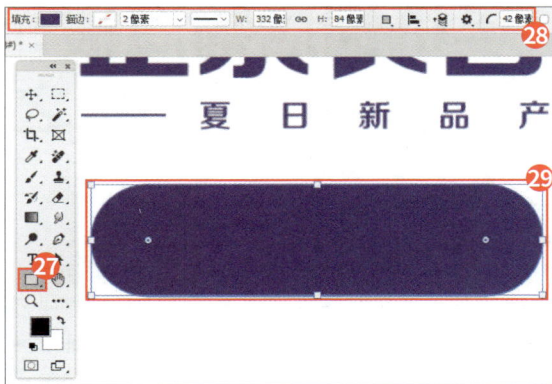

11 按 Ctrl+J 组合键，复制矩形，并拖曳到适当的位置。在属性栏中，将填充颜色设置为无，描边颜色设置为深紫色（63，59，140），粗细设置为 2 像素。

12 选择"横排文字工具" ，在图像窗口中分别输入需要的文字，并选择合适的字体和字号，即可完成该农副果蔬的 PC 端店铺海报设计。

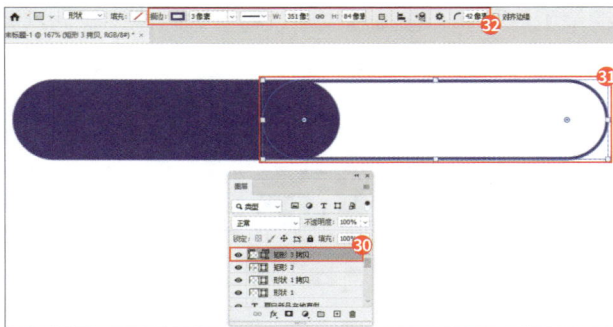

第二件半价 第三件1元

抢购时间：8.5-8.15

4.5 手机端店铺海报：展示开启便捷购物之旅的入口

手机端店铺海报是一种专为手机屏幕设计的广告形式，通常位于手机端首页或活动页面。此类海报需适应小屏幕、触控操作及碎片化浏览场景，旨在吸引消费者的注意力，传递商品信息和店铺形象，进而促进销售和品牌认知。

01 家居用品：如何展示营造舒适生活的必备元素？

手机屏幕空间有限，所以需要避免信息过于繁杂。要突出主要的家居用品或系列，将其放置在显眼位置。文案需要简洁，并选择清晰易读的字体，使字体和背景图之间有足够的对比度，从而方便用户阅读。

1 启动 Photoshop，按 Ctrl+O 组合键，在弹出的对话框中选择 01 素材，单击"打开"按钮，打开素材。

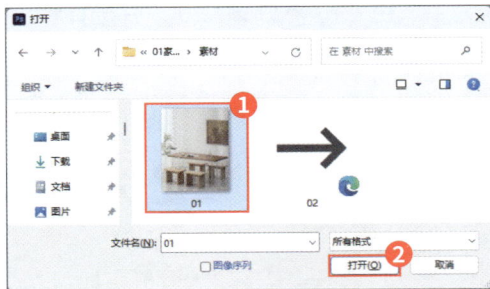

2 选择"移除工具" 🖌️，在属性栏中设置画笔大小，然后在图像窗口中进行涂抹，去掉不需要的部分。

涂抹完成后

3 单击"图层"面板下方的"创建新的填充或调整图层"按钮 ，选择"亮度 / 对比度"命令，弹出"属性"面板，设置如图所示。

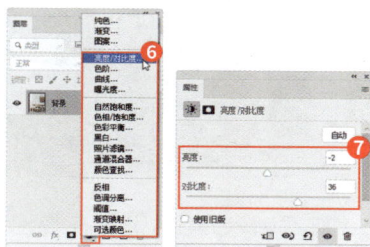

4 选择"横排文字工具" ，在图像窗口中输入需要的文字。在"字符"面板中设置文字为中灰色（ 77，77，77 ），并选择合适的字体和字号。使用相同的方法分别输入其他文字，效果如图所示。

构建有品位的家

实木餐桌椅

构建有品位的家

拒绝千篇一律
与品质同行 遇见理想生活

6.7-6.14 点击查看

5 选择"矩形工具" ▢，在属性栏的"选择工具模式"选项中选择"形状"，将描边颜色设置为淡灰色（144，144，144），粗细设置为 2 像素，圆角的半径设置为 34 像素。单击"设置形状描边类型"选项，弹出下拉菜单，单击"更多选项"按钮。在弹出的对话框中进行设置，单击"确定"按钮，绘制一个矩形。

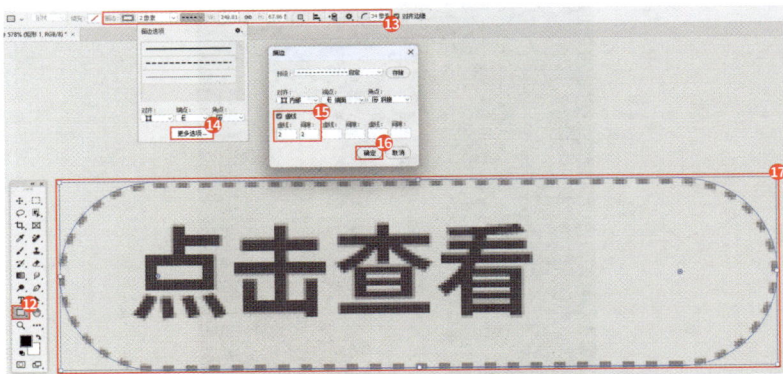

6 选择"文件 > 置入嵌入对象"命令，在弹出的对话框中选择 01 素材，再单击"置入"按钮，置入素材，将其拖曳到适当的位置并调整大小，即可完成家居用品手机端店铺海报设计。

02　美妆护肤：如何增加用户交互？

在美妆护肤类手机端店铺海报的设计中，产品图片应占据显著位置，一般至少占画面的三分之一。排版上要注意层次感，主次分明，避免信息过载。交互引导方面，需要加入按钮或箭头，提示用户点击购买或查看更多。

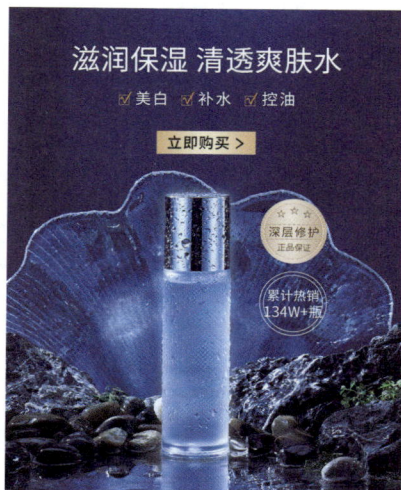

1 启动 Photoshop，按 Ctrl+N 组合键，弹出"新建文档"对话框，设置宽度为 1200 像素，高度为 1520 像素，分辨率为 72 像素 / 英寸，颜色模式为 RGB 颜色。单击"创建"按钮，新建文档。

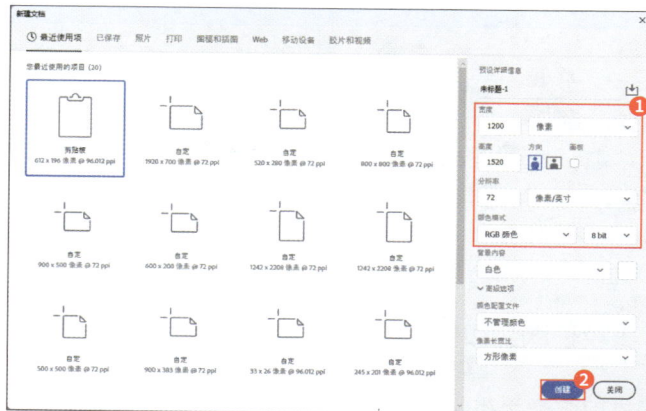

2 选择"文件 > 置入嵌入对象"命令，在弹出的对话框中选择 01
素材，再单击"置入"按钮，置入素材，将其拖曳到适当的位置并
调整大小。

3 选择"滤镜 > Camera Raw 滤镜"命令，在弹出的对话框中展开"亮"
选项组，进行设置。

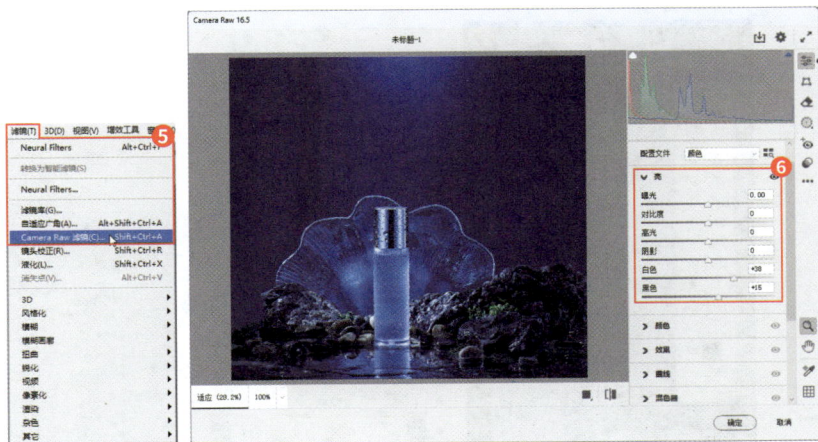

4 展开"混色器"选项组，分别设置色相、饱和度和明亮度，然后单击"确
定"按钮。

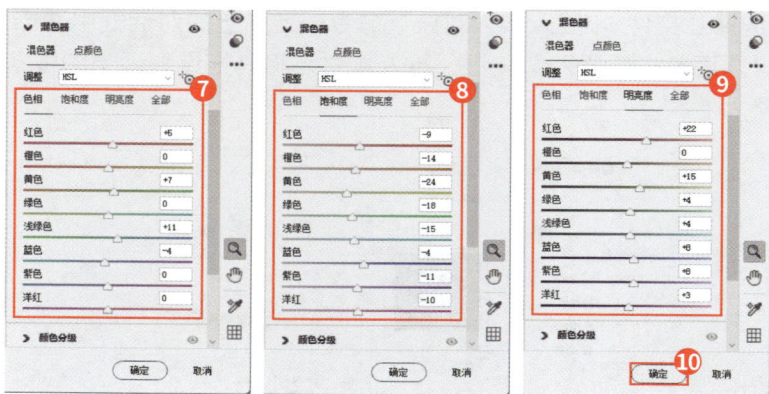

5 选择"对象选择工具" ，在图像窗口中框选化妆品，按 Ctrl+J 组合键，复制选中的对象。单击"图层"面板下方的"添加图层样式"按钮 ，选择"外发光"命令。

6 在弹出的对话框中将发光颜色设置为白色，其他选项的设置如图所示，然后单击"确定"按钮。

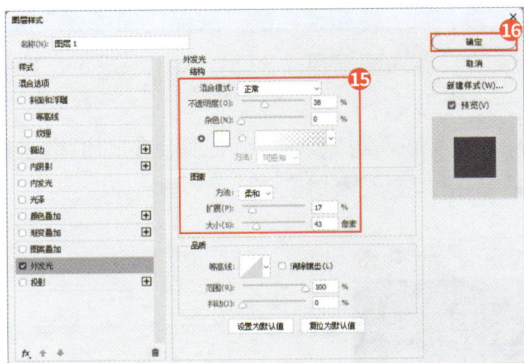

7 单击"图层"面板下方的"创建新的填充或调整图层"按钮 ，选择"曲线"命令，打开"属性"面板，设置如图所示。

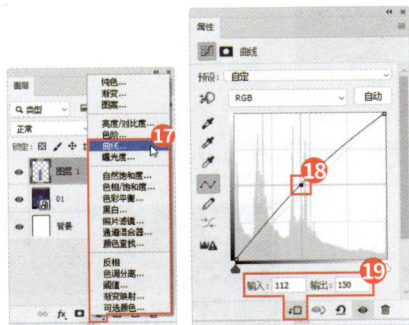

8 选择"横排文字工具" ，在图像窗口中输入需要的文字。在"字符"面板中设置文字为白色，并选择合适的字体和字号。

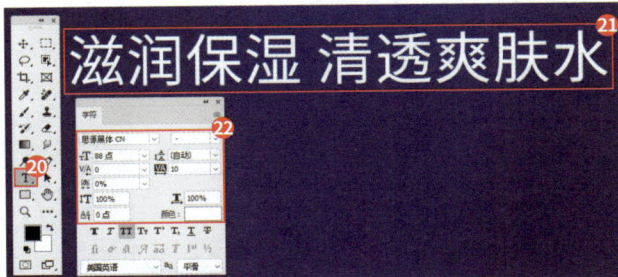

9 选择"矩形工具" □，在属性栏的"选择工具模式"选项中选择"形状"，将描边颜色设置为暗橙色（213，148，92），粗细设置为 2 像素，然后绘制一个矩形。

10 选择"文件 > 置入嵌入对象"命令，在弹出的对话框中选择 02 素材，再单击"置入"按钮，置入素材。

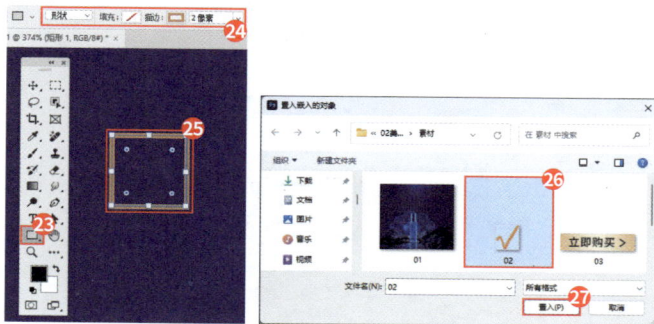

11 使用上述的方法分别输入文字、绘制形状并置入 03、04 和 05 素材，即可完成美妆护肤手机端店铺海报设计。

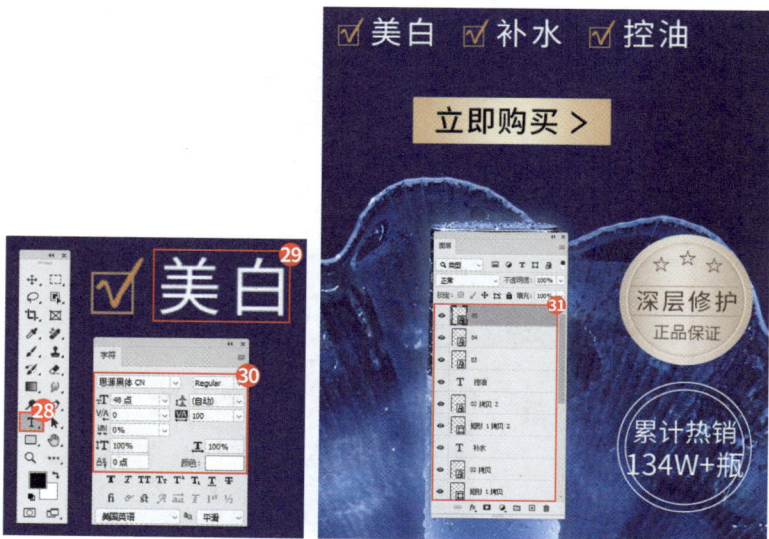

秒懂创意设计：

PS+AI

实例精讲（全彩印刷）

▶ 第 5 章 ◀
抖音推广设计：设计汇聚流量的强效引擎

　　抖音推广图是指在抖音平台上用于推广品牌、产品或服务的图片。这些图片通常包含品牌标识、产品信息、促销活动等内容，旨在吸引用户的注意力，提高品牌知名度和产品销量。本章将带领读者熟练掌握抖音头图、视频封面和视频边框的常见风格和设计方法，使读者可以应用所学的知识完成抖音推广图的视觉设计。

5.1 抖音头图设计：打造品牌印象的首要元素

抖音头图，也称为主页背景图，是指用户在抖音平台上使用的背景图片。通常位于主页正上方，是展示账号特点的重要位置。它可以用来打造个人形象IP，加深IP在用户心中的印象，也可以作为账号的广告位，提高转粉率。

01 关注引导类：如何彰显个性魅力的创意设计？

在关注引导类抖音头图的设计中，需要在有限空间内传递账号类型、核心价值和活动信息。通过色彩、元素和文案快速建立用户对账号的第一印象。

1 启动 Photoshop，按 Ctrl+N 组合键，弹出"新建文档"对话框，设置宽度为 1125 像素，高度为 633 像素，分辨率为 72 像素 / 英寸，颜色模式为 RGB 颜色。单击"创建"按钮，新建文档。

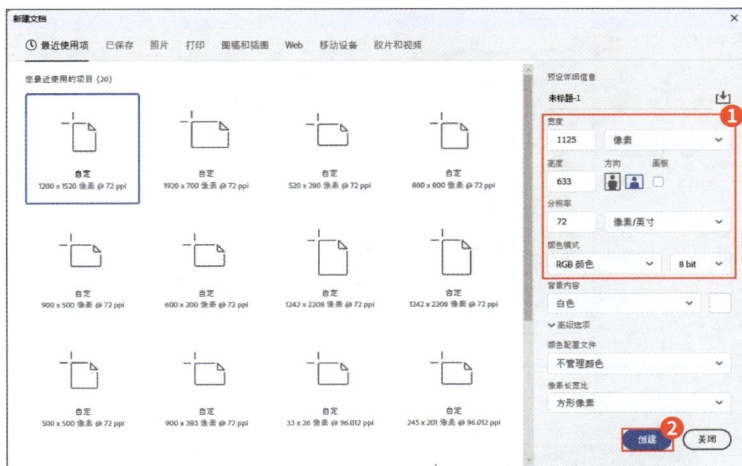

2 选择"文件 > 置入嵌入对象"命令，在弹出的对话框中选择 01 素材，再单击"置入"按钮，置入素材，将其拖曳到适当的位置并调整大小。

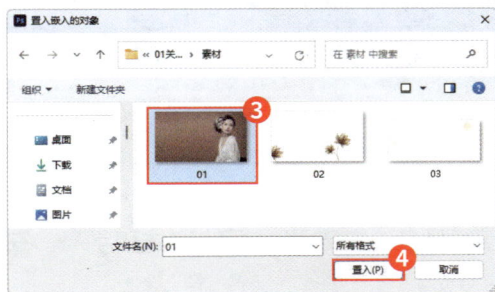

3 选择"滤镜 > Camera Raw 滤镜"命令，在弹出的对话框中单击"预设"按钮 ⊙，切换到相应的对话框，展开"自适应：人像"选项组，选择"美白牙齿"滤镜。展开"自适应：主体"选项组，选择"柔和"滤镜，单击"确定"按钮。

4 选择"横排文字工具" T，在图像窗口中输入需要的文字。在"字符"
面板中设置文字为黑色，并选择合适的字体和字号。在"图层"面板
上方设置填充为 0%。

5 单击"图层"面板下方的"添加图层样式"按钮 *fx*，选择"描边"命令，在弹出的对话框中将描边颜色设置为浅褐色（92，65，48），其他选项的设置如图所示，然后单击"确定"按钮。

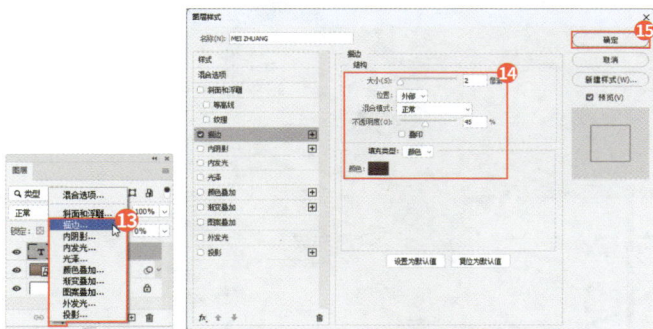

6 选择"文件 > 置入嵌入对象"命令，在弹出的对话框中选择 02 素材，再单击"置入"按钮，置入素材。使用相同的方法置入 03 素材，效果如图所示。

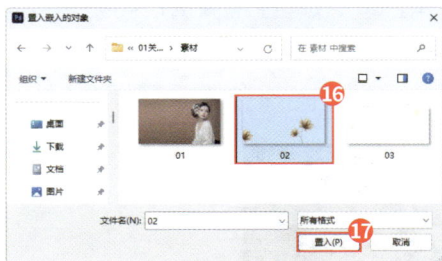

7 在"图层"面板中选中"01"图层，选择"对象选择工具" ，在图像窗口中框选人物，按 Ctrl+J 组合键，复制选中的对象。

8 将"图层 1"图层拖曳到"03"图层的上方，调整图层顺序。

9 选择"横排文字工具" ，在图像窗口中输入需要的文字。在"字符"面板中设置文字为淡黄色（255，246，220），并选择合适的字体和字号。

调整图层顺序后效果如图

10 单击"图层"面板下方的"添加图层样式"按钮 ，选择"渐变叠加"命令，在弹出的对话框中单击"渐变"选项右侧的"点按可编辑渐变"按钮 。

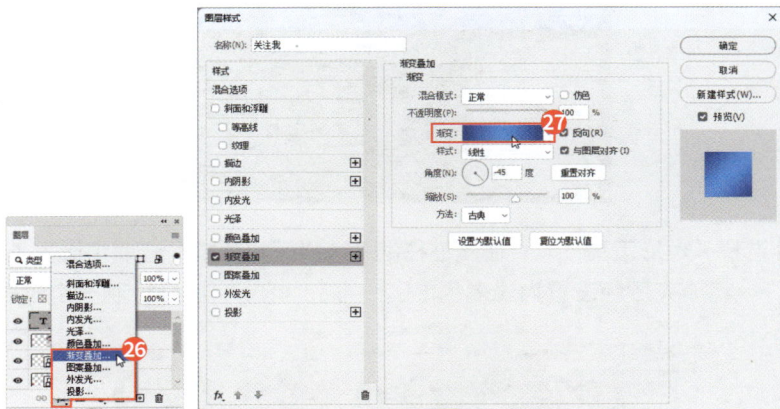

11 弹出"渐变编辑器"对话框，在"位置"选项中分别设置 0、100 两个位置点，然后分别设置 RGB 值为（253，225，130）、（255，246，220），单击"确定"按钮。返回到"渐变叠加"对话框，其他选项的设置如图所示，单击"确定"按钮。

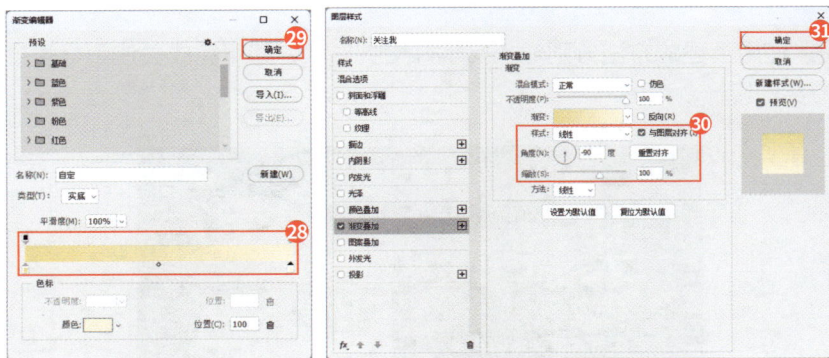

12 使用相同的方法输入其他文字，效果如图所示。

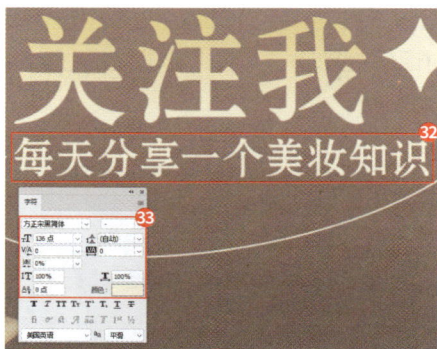

13 选择"矩形工具" □，在属性栏的"选择工具模式"选项中选择"形状"，将填充颜色设置为浅褐色（92，65，48），然后绘制一个矩形。

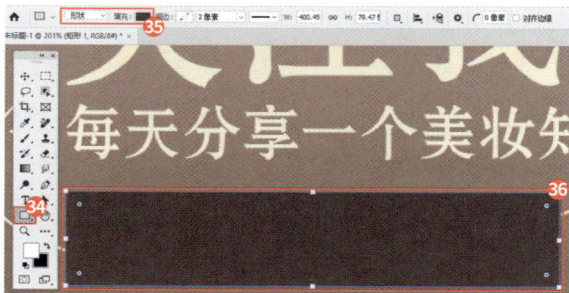

14 使用上述的方法分别输入文字并绘制形状，即可完成关注引导类抖音头图设计。

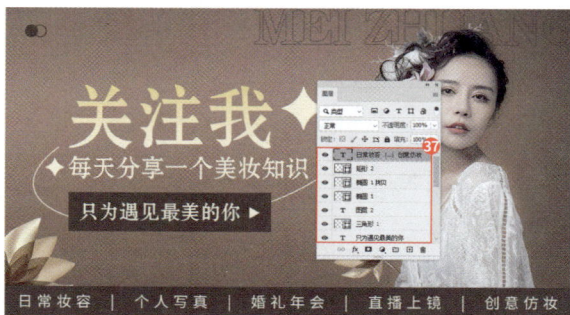

142

02 品牌宣传类：如何瞬间吸引目光？

在品牌宣传类抖音头图的设计中，需要突出品牌的定位和特色，并通过巧妙的设计引导用户关注。在标题的设计上应具有一定的创意和个性，能够在众多内容中脱颖而出。

1 启动 Photoshop，按 Ctrl+O 组合键，在弹出的对话框中选择 01 素材，单击"打开"按钮，打开素材。

2 在"调整"面板中，单击"风景"选项组中的"凸显"，为图像调色并生成调整图层。

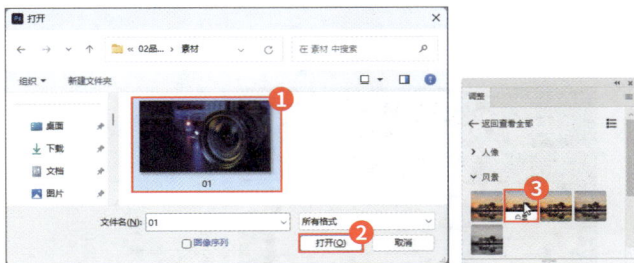

3 选择"矩形工具" ，在属性栏的"选择工具模式"选项中选择"形状"，将描边颜色设置为橘黄色（255，164，45），粗细设置为 2 像素，然后绘制一个矩形。

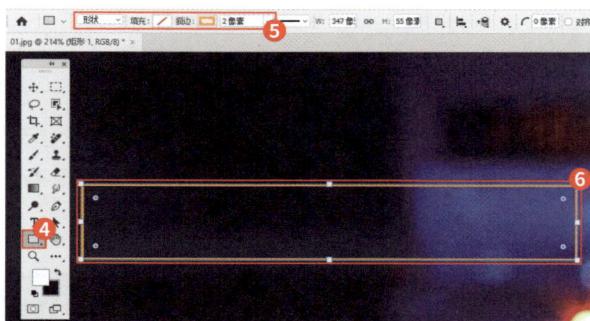

4 选择"横排文字工具" T.，在图像窗口中输入需要的文字。在"字符"面板中设置文字为橘黄色（255，164，45），并选择合适的字体和字号。

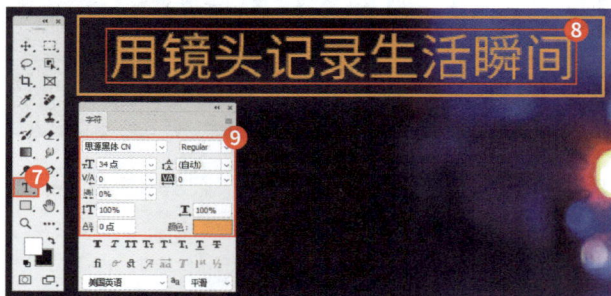

5 再次输入文字，效果如图所示。单击"图层"面板下方的"添加图层样式"按钮 fx，选择"渐变叠加"命令。

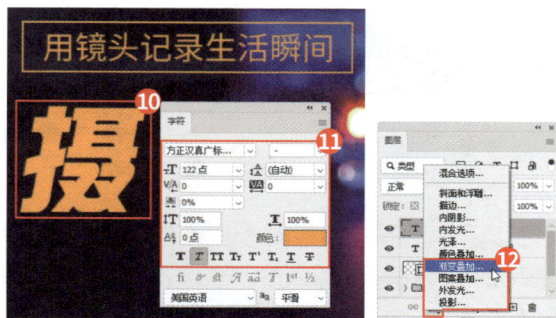

6 在弹出的对话框中单击"渐变"选项右侧的"点按可编辑渐变"按钮 。

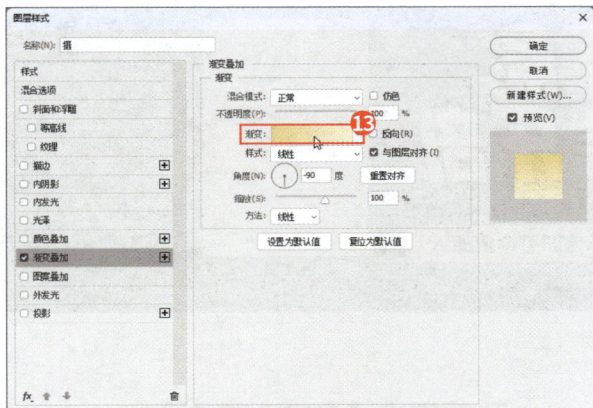

7 弹出"渐变编辑器"对话框，在"位置"选项中分别设置 50、100 两个位置点，然后分别设置 RGB 值为（255，255，255）、（18，22，31），单击"确定"按钮。返回到"渐变叠加"对话框，其他选项的设置如图所示，单击"确定"按钮。

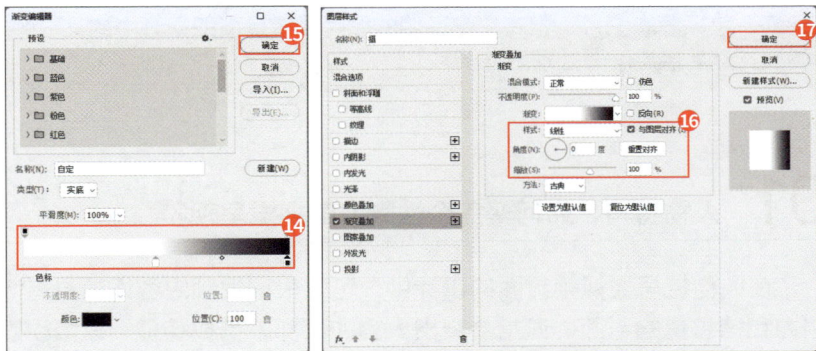

8 使用上述的方法分别输入文字并添加渐变叠加效果、绘制形状，即可完成品牌宣传类抖音头图设计。

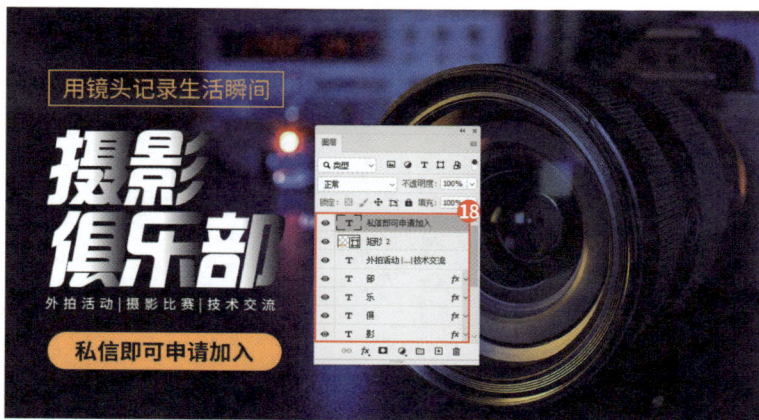

5.2 视频封面设计：一眼吸睛的关键设计技巧

抖音视频封面是指为抖音短视频创作一个能够代表视频内容的图像。这个封面是在视频发布后，在用户的抖音页面上显示的第一个视觉元素，包括静态图片、带有文字说明的图片或者是截取视频中的某一帧画面，然后经过编辑处理后的图片。

01 人物特写：如何聚焦个性魅力的视觉呈现？

在人物特写类视频封面的设计中，可以根据视频内容设计具有吸引力和信息量的封面，通常会突出人物的面部表情或特征，以吸引观众的注意力。同时，需要通过色彩对比、调整清晰度和文字排版等方式，增强封面的视觉冲击力。

146

1 启动 Photoshop，按 Ctrl+O 组合键，在弹出的对话框中选择 01 素材，单击"打开"按钮，打开素材。

2 选择"文件 > 置入嵌入对象"命令，在弹出的对话框中选择 02 素材，再单击"置入"按钮，置入素材，将其拖曳到适当的位置并调整大小。

3 选择"滤镜 > Camera Raw 滤镜"命令，在弹出的对话框中单击"预设"按钮 ●，切换到相应的对话框，展开"自适应：人像"选项组，分别选择"美白牙齿"滤镜、"使眉毛变暗"滤镜和"顺滑头发"滤镜，单击"确定"按钮。

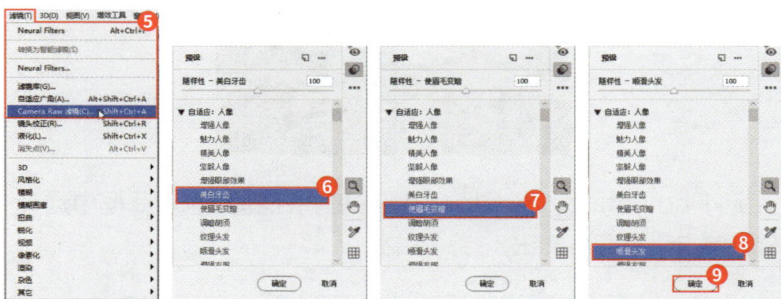

4 选择"文件 > 置入嵌入对象"命令，在弹出的对话框中选择 03 素材，再单击"置入"按钮，置入素材，将其拖曳到适当的位置并调整大小。

5 单击"图层"面板下方的"添加图层样式"按钮 *fx*，选择"描边"命令，

在弹出的对话框中将描边颜色设置为白色，其他选项的设置如图所示，然后单击"确定"按钮。

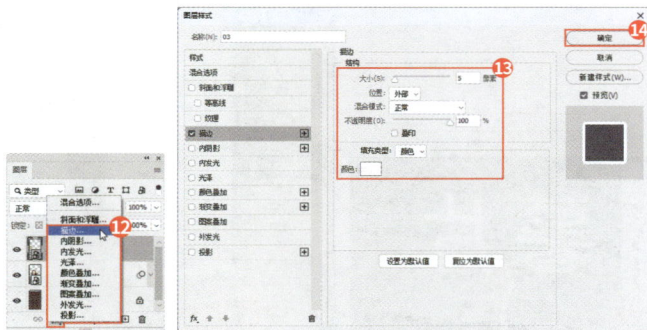

6 将"03"图层拖曳到"02"图层下方，调整图层顺序。选中"02"图层。选择"横排文字工具" T，在图像窗口中输入需要的文字。在"字符"面板中设置文字为白色，并选择合适的字体和字号。

7 选择"钢笔工具" ，在属性栏的"选择工具模式"选项中选择"形状"，将描边颜色设置为白色，粗细设置为 4 像素，然后绘制形状。

8 使用相同的方法分别置入素材、输入文字并绘制形状，效果如图所示。

9 选择"横排文字工具" T ，在图像窗口中输入需要的文字。在"字符"面板中分别设置文字为淡粉色（255，179，249）和橙黄色（255，192，0），并选择合适的字体和字号。

10 单击"图层"面板下方的"添加图层样式"按钮 fx ，选择"描边"命令，在弹出的对话框中将描边颜色设置为黑色，其他选项的设置如图所示，然后单击"确定"按钮。

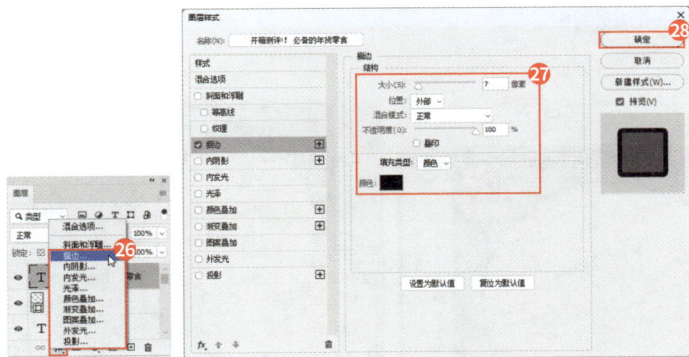

11 按 Ctrl+T 组合键，在形状周围出现变换框，单击鼠标右键，在弹出的菜单中选择"斜切"命令，向上拖曳右上角的控制点到适当的位置。

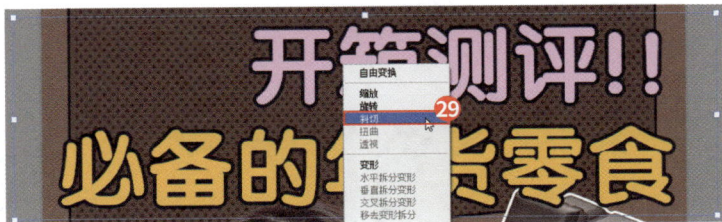

12 选择"椭圆工具" ○ ，在属性栏中，将填充颜色设置为橙黄色（255，192，0），描边颜色设置为黑色，粗细设置为 4 像素，然后绘制一个椭圆形。在属性栏中单击"路径操作"按钮 □ ，选择"合并形状"，再

次绘制一个椭圆形。

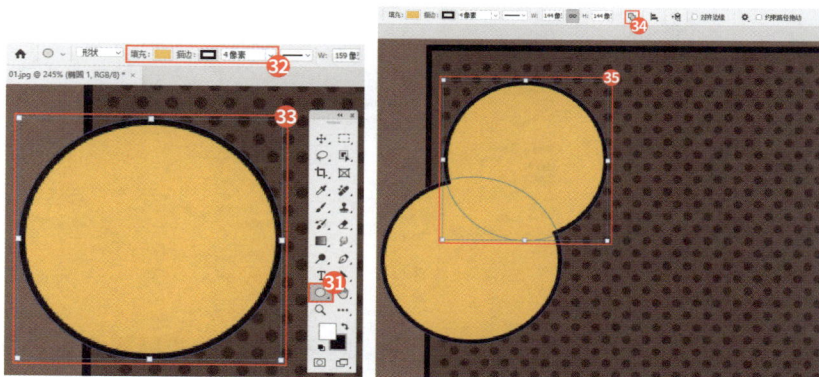

13 分别绘制多个椭圆形，并使用"钢笔工具" ⬢. 绘制形状，效果如图所示。

14 使用上述的方法输入文字并添加描边效果，即可完成人物特写视频封面设计。

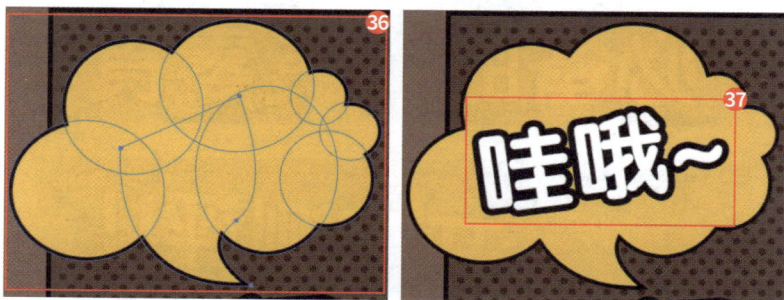

02 产品特写：如何呈现极致细节的微观视角？

在产品特写类视频封面的设计中，需要通过产品的细节展示来吸引潜在客户。这种封面设计要能够突出产品的特点，在展示时要做到主次分明，具有层次感。

1 启动 Photoshop，按 Ctrl+N 组合键，弹出"新建文档"对话框，设置宽度为 1242 像素，高度为 2208 像素，分辨率为 72 像素 / 英寸，颜色模式为 RGB 颜色。单击"创建"按钮，新建文档。

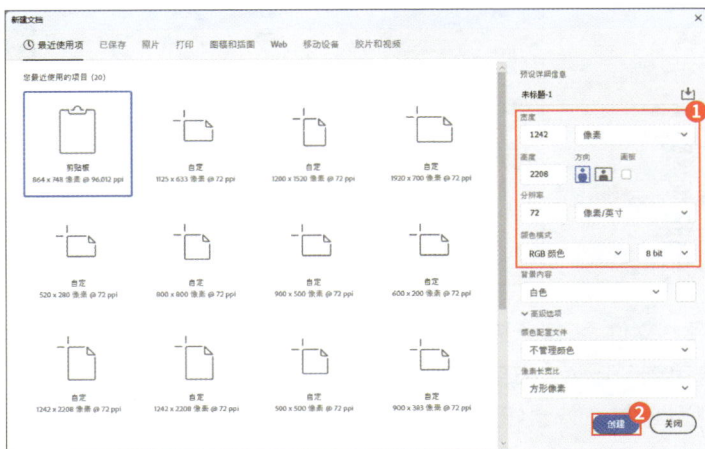

2 选择"文件 > 置入嵌入对象"命令，在弹出的对话框中选择 01 素材，再单击"置入"按钮，置入素材。

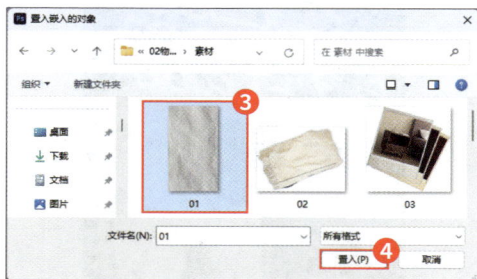

3 单击"图层"面板下方的"添加图层样式"按钮 fx.，选择"颜色叠加"命令，在弹出的对话框中将叠加颜色设置为暗绿色（103，113，64），其他选项的设置如图所示，然后单击"确定"按钮。

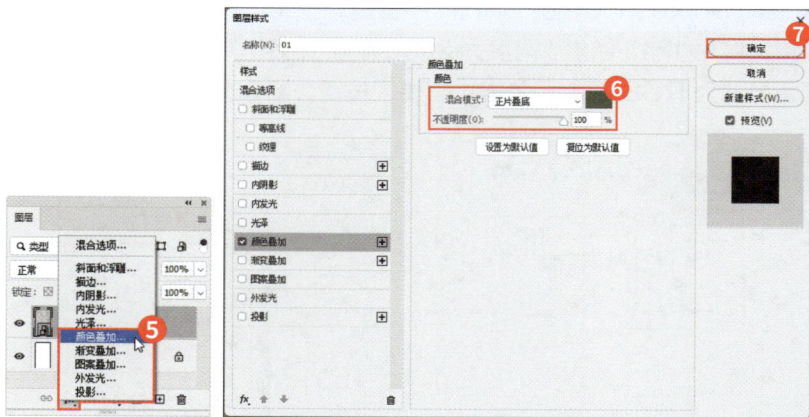

4 选择"文件 > 置入嵌入对象"命令，在弹出的对话框中选择 02 素材，再单击"置入"按钮，置入素材。使用相同的方法分别置入 03、04 和 05 素材，效果如图所示。

置入 02、03、04、05
素材后效果如图

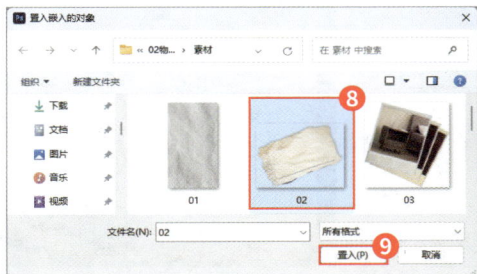

5 选择"钢笔工具" ✐，在属性栏的"选择工具模式"选项中选择"形状"，将填充颜色设置为橙黄色（255，192，0），然后绘制形状。

6 按 Ctrl+J 组合键，复制形状，将其拖曳到适当的位置并调整大小。

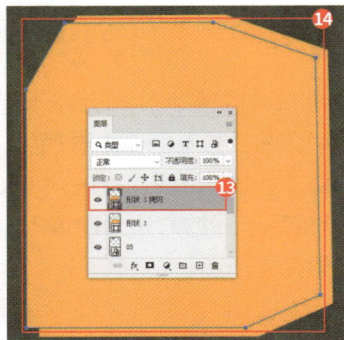

7 选择"文件 > 置入嵌入对象"命令，在弹出的对话框中选择 06 素材，再单击"置入"按钮，置入素材。按 Alt+Ctrl+G 组合键，创建剪贴蒙版。

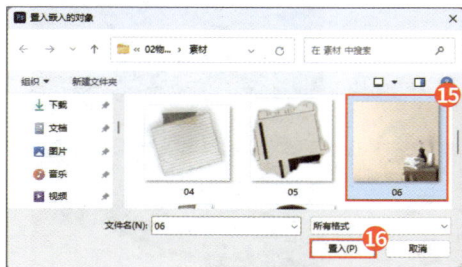

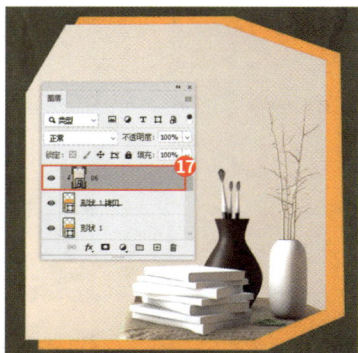

8 选择"文件 > 置入嵌入对象"命令，在弹出的对话框中选择 07 素材，再单击"置入"按钮，置入素材。

9 选择"滤镜 > Neural Filters"命令，在弹出的面板中启动"协调"选项。在"参考图像"选项中，选择"06"图层。在"输出"选项中，选择"智能滤镜"，单击"确定"按钮。

10 使用上述的方法分别置入 08、09 和 10 素材，并添加"协调"滤镜，效果如图所示。

置入 08、09、10 素材后效果如图

感受居家的松弛感

11 选择"横排文字工具" T，在图像窗口中输入需要的文字。在"字符"面板中设置文字为深绿色（58，69，17），并选择合适的字体和字号。

12 单击"图层"面板下方的"添加图层样式"按钮 fx，选择"描边"命令，在弹出的对话框中将描边颜色设置为白色，其他选项的设置如图所示，然后单击"确定"按钮。

157

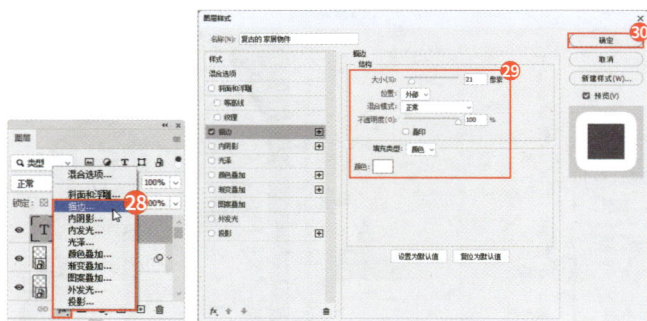

13 按 Ctrl+T 组合键，在形状周围出现变换框，单击鼠标右键，在弹出的菜单中选择"斜切"命令，向上拖曳右上角的控制点到适当的位置，即可完成物品特写视频封面设计。

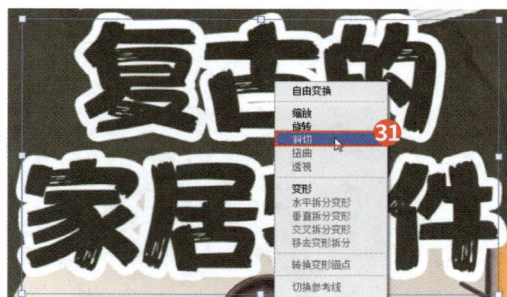

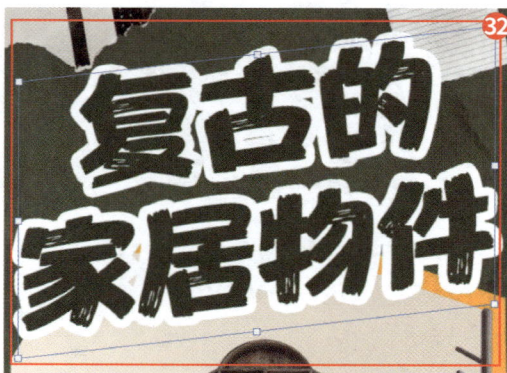

5.3　视频边框设计：构建视频风格的边框

抖音视频边框设计是提升短视频视觉吸引力、强化内容主题、打造个人风格的重要元素，能够在信息流中快速抓住用户注意力。通过设计独特的视频边框，既能强化账号视觉统一性，又能为内容增加记忆点。

01　简约边框：如何打造极简主义的视觉表达？

在简约风视频边框的设计中，可以采用扁平化风格，遵循极简原则，避免复杂装饰。在标题文字的设计上，要突出重点内容。

1 启动 Photoshop，按 Ctrl+N 组合键，弹出"新建文档"对话框，设置宽度为 1242 像素，高度为 2208 像素，分辨率为 72 像素 / 英寸，颜色模式为 RGB 颜色。单击"创建"按钮，新建文档。

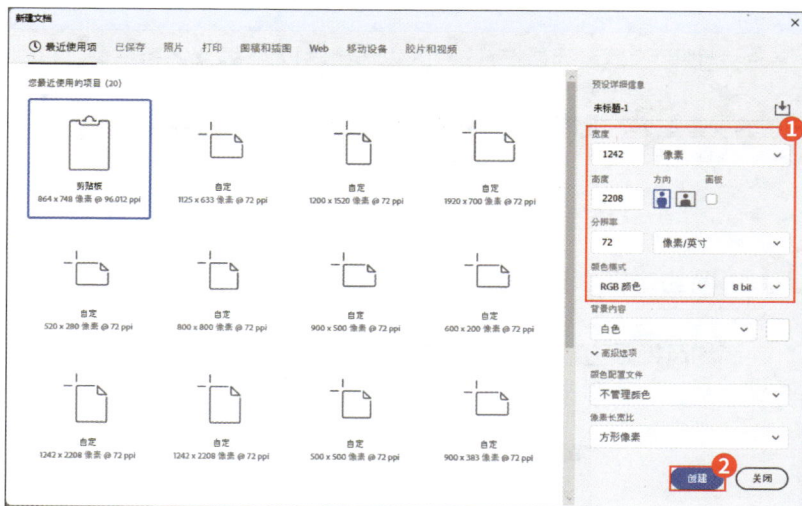

2 选择"文件 > 置入嵌入对象"命令，在弹出的对话框中选择 01 素材，再单击"置入"按钮，置入素材。

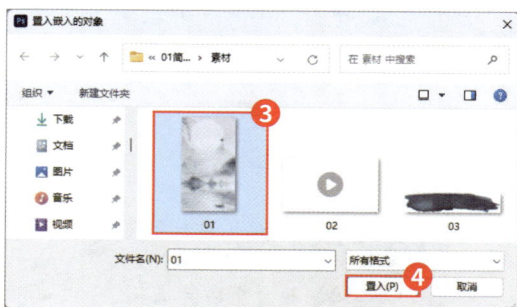

3 选择"滤镜 > Camera Raw 滤镜"命令，在弹出的对话框中展开"亮"选项组，进行设置，单击"确定"按钮。

4 选择"文件 > 置入嵌入对象"命令，在弹出的对话框中选择 02 素材，再单击"置入"按钮，置入素材。

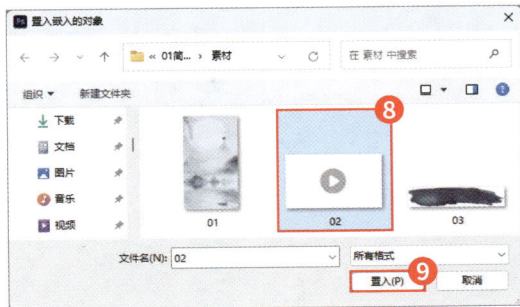

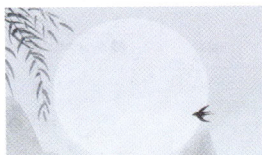

置入 02 素材后效果如图

5 选择"横排文字工具" T，在图像窗口中输入需要的文字。在"字符"面板中分别设置文字为黑色和白色，并选择合适的字体和字号。

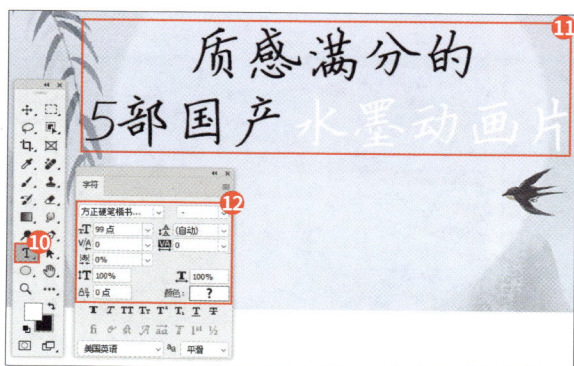

6 选择"文件 > 置入嵌入对象"命令，在弹出的对话框中选择 03 素材，再单击"置入"按钮，置入素材。将"03"图层拖曳到文字图层下方，调整图层顺序。

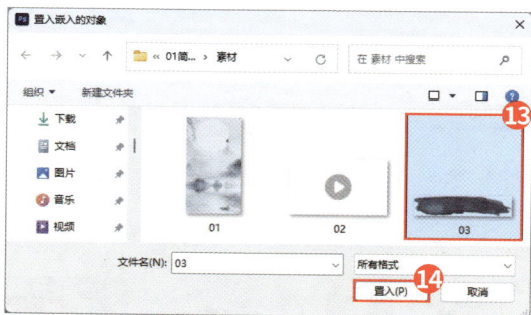

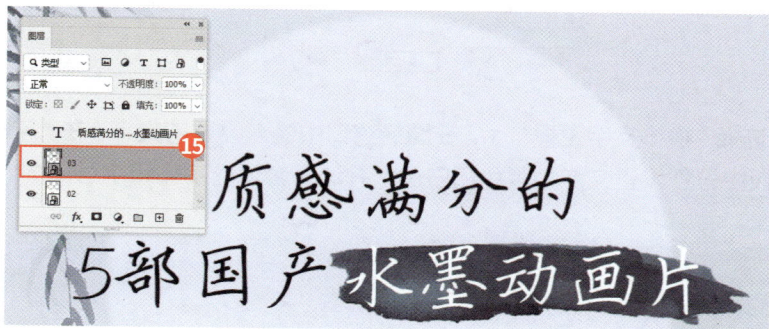

7 使用上述的方法分别输入文字并置入素材，即可完成简约视频边框设计。

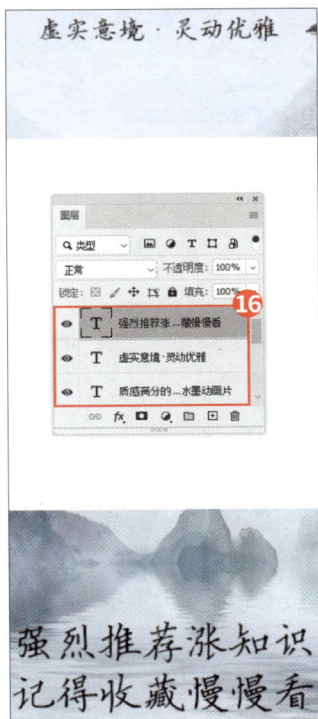

02 个性边框：如何展现自我个性的专属边框？

在个性类视频边框的设计中，可以根据个人或品牌特色，加入独特的图形、标志或符号。在标题文字的设计上，采用创意的文字排版方式，增加视觉吸引力。在装饰元素的选择上可以使用手绘风格的图形，增加亲切感和个性化。

163

1 启动 Photoshop，按 Ctrl+O 组合键，在弹出的对话框中选择 01 素材，单击"打开"按钮，打开素材。

2 在"调整"面板中，单击"人像"选项组中的"阳光"，为图像调色并生成调整图层。

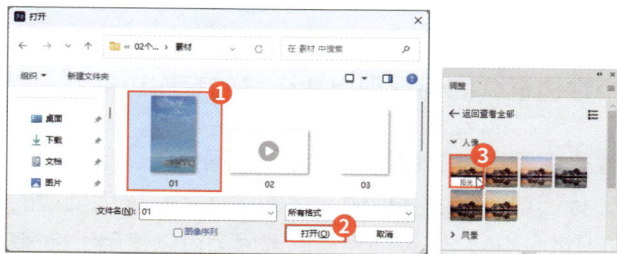

3 选择"文件 > 置入嵌入对象"命令，在弹出的对话框中选择 02 素材，再单击"置入"按钮，置入素材。

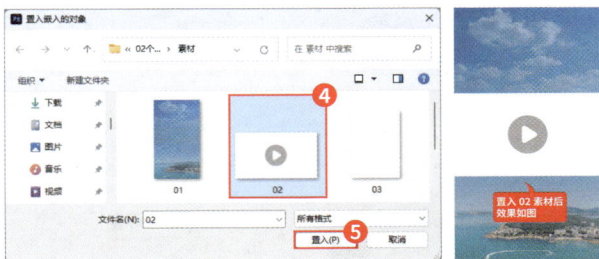

4 选择"横排文字工具"T.，在图像窗口中分别输入需要的文字。在"字符"面板中分别设置文字为亮黄色（255，253，66）和白色，并选择合适的字体和字号。

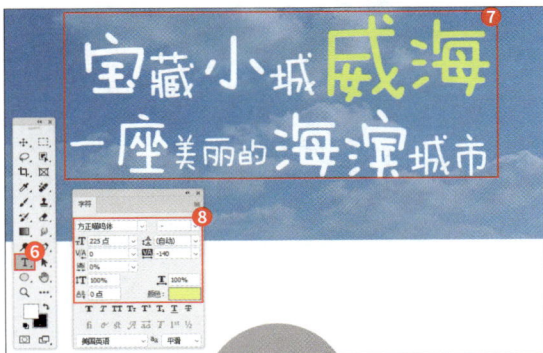

5 选择"钢笔工具"Ø.，在属性栏的"选择工具模式"选项中选择"形状"，将填充颜色设置为亮黄色（255，253，66），然后绘制形状。

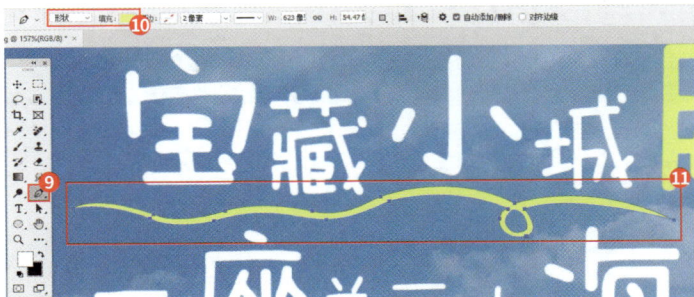

6 选择"文件 > 置入嵌入对象"命令，在弹出的对话框中选择 03 素材，再单击"置入"按钮，置入素材。使用相同的方法置入 04 素材，效果如图所示。

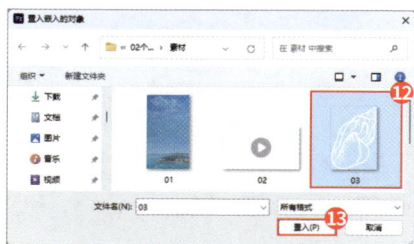

置入 03、04 素材后效果如图

7 使用上述的方法分别输入文字、绘制形状并置入 05 素材，即可完成个性视频边框设计。

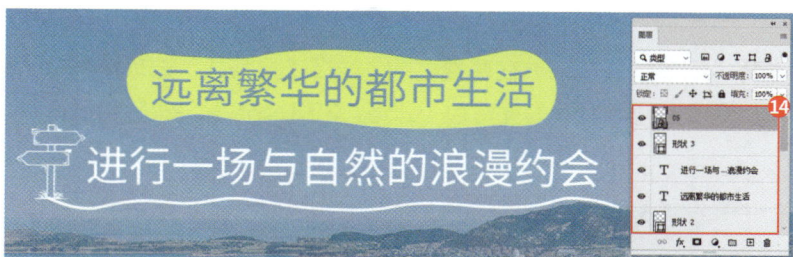

▶ 第 6 章 ◀

抖音直播间设计：展示发现
好物的宝藏之地

抖音直播间设计是指为直播间打造视觉布局的装饰方案，以提升直播间的观赏性和专业感，吸引观众并提高转化率。本章将带领读者熟练掌握直播封面、直播贴片和直播背景的常见风格和设计方法，使读者可以应用所学的知识完成抖音直播间的视觉设计。

6.1 直播封面：设计直播内容的先行预告图

抖音直播封面是直播间的门面，可以直观地向用户展示直播的主题或内容类型，相比使用默认封面的直播间来说，能够让用户在众多直播间中优先注意到，并产生点击进入的欲望。

01 潮流现代：如何彰显直播独特风格的门面？

在潮流现代类抖音直播封面的设计中，主播的形象通常是封面的重要组成部分。在颜色的搭配上，通常使用高饱和度的色彩，能够传达出活力、时尚的感觉，符合现代潮流审美。

1 启动 Photoshop，按 Ctrl+O 组合键，在弹出的对话框中选择 01

素材，单击"打开"按钮，打开素材。

2 选择"横排文字工具" T.，在图像窗口中输入需要的文字。在"字符"面板中设置文字为薄荷绿色（0,255,229），并选择合适的字体和字号。

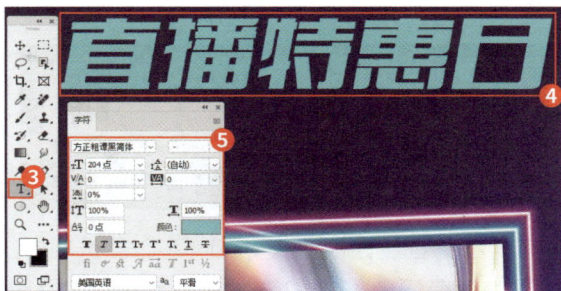

3 按 Ctrl+J 组合键，复制文字，并将其拖曳到适当的位置，在"字符"面板中设置文字为淡紫色（255，223，250）。

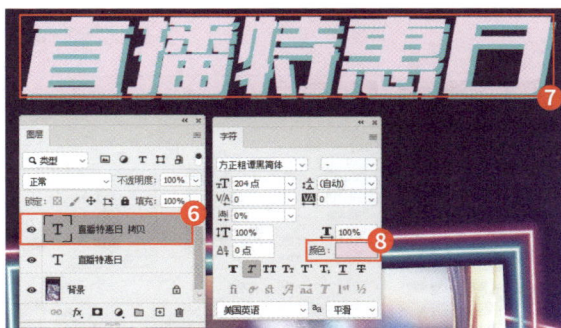

4 按 Ctrl+J 组合键，复制文字，并将其拖曳到适当的位置，在"字符"面板中设置文字为深粉色（255，40，171）。

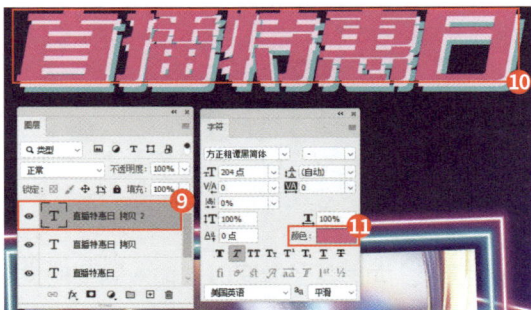

5 使用相同的方法输入其他文字，效果如图所示。

6 选择"钢笔工具" ，在属性栏的"选择工具模式"选项中选择"形状"，将描边颜色设置为薄荷绿色（0，255，229），粗细设置为 6 像素，然后绘制形状。

7 选择"文件 > 置入嵌入对象"命令，在弹出的对话框中选择 02 素材，再单击"置入"按钮，置入素材。

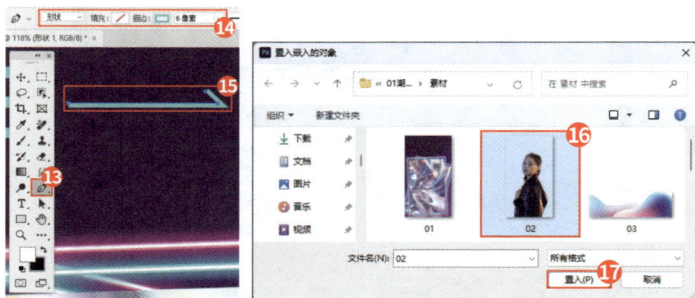

8 选择"滤镜 > Camera Raw 滤镜"命令，在弹出的对话框中单击"蒙版"按钮 ◎，切换到相应的对话框，单击"人物"选项组下方的"人物 1"按钮。

9 切换到"人物蒙版选项"界面，选中"面部皮肤""身体皮肤"和"眼睛巩膜"复选框，单击"创建"按钮，创建蒙版。在切换的界面中进行调整，如图所示。

10 选择"钢笔工具" ，在属性栏中，将粗细设置为 20 像素，再次沿人物边缘绘制形状，效果如图所示。

11 将"形状 2"图层拖曳到"01"图层的下方，调整图层顺序。

12 按 Ctrl+J 组合键，复制形状。在属性栏中，将描边颜色设置为深粉色（255，40，171），并将其拖曳到适当的位置，效果如图所示。

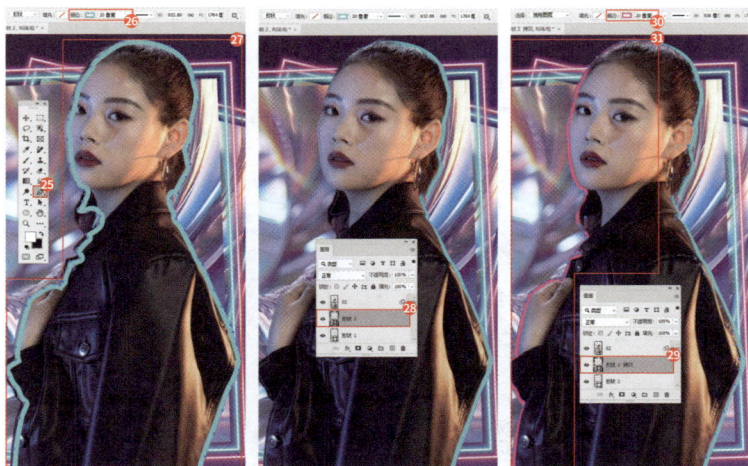

13 在"图层"面板中选中"02"图层。选择"文件 > 置入嵌入对象"命令，在弹出的对话框中选择 03 素材，再单击"置入"按钮，置入素材。

14 选择"矩形工具"□，在属性栏中，将填充颜色设置为薄荷绿色（0，255，229），然后绘制一个矩形。

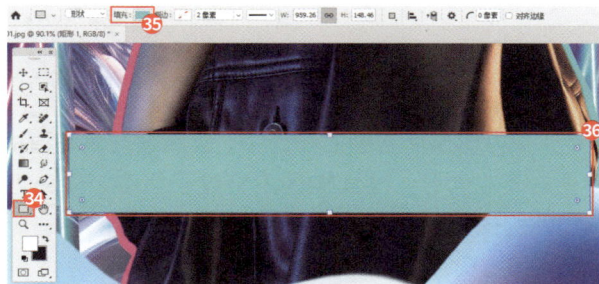

15 选择"横排文字工具"Ⅰ，在图像窗口中输入需要的文字。在"字符"面板中设置文字为黑色，并选择合适的字体和字号。

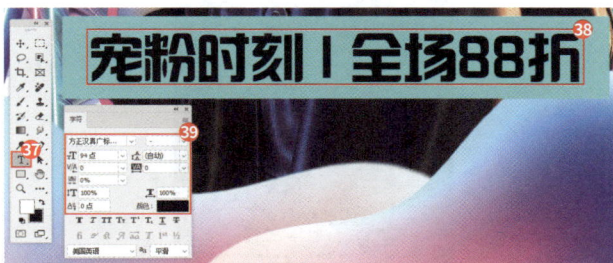

16 使用上述的方法分别绘制形状、输入文字并置入 04~07 素材，即可完成潮流现代直播封面设计。

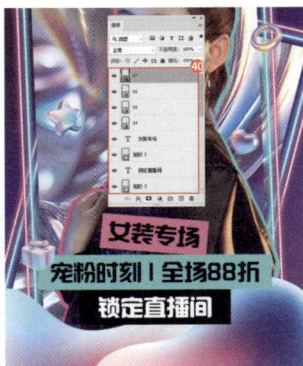

02　商务专业：如何展示直播格调的封面之选？

在商务专业类抖音直播封面的设计中，应清晰地表明直播的主题、主播名字等最关键的信息，画面构图不应过于复杂，以免造成视觉上的混乱。在颜色的搭配上，通常会采用简洁、稳重的色彩组合，如深蓝与白色、深灰与浅灰等。

1 启动 Photoshop，按 Ctrl+O 组合键，在弹出的对话框中选择 01 素材，单击"打开"按钮，打开素材。

2 在"调整"面板中，单击"人像"选项组中的"忧郁蓝"，为图像调色并生成调整图层。

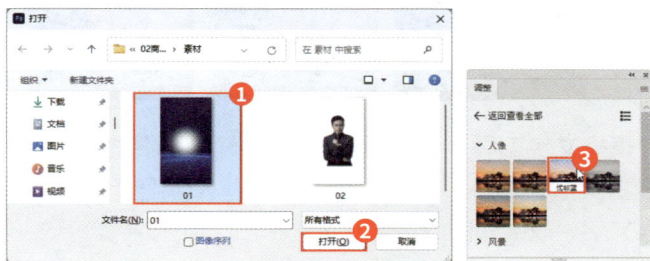

3 选择"文件 > 置入嵌入对象"命令，在弹出的对话框中选择 02 素材，再单击"置入"按钮，置入素材。单击"图层"面板中的"图层蒙版"按钮 ◻ ，为图层添加蒙版。

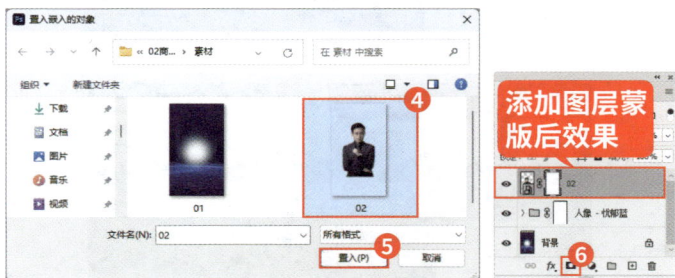

4 选择"渐变工具" ◼️ ，在属性栏中选择需要的渐变色。

5 在按住 Shift 键的同时单击鼠标左键，并从下向上进行拖曳，填充渐变色，效果如图所示。

为蒙版添加渐变前效果 　　为蒙版添加渐变后效果

6 选择"横排文字工具" T.，在图像窗口中输入需要的文字。在"字符"面板中设置文字为白色，并选择合适的字体和字号。使用相同的方法再次输入文字，效果如图所示。

7 选择"矩形工具" □.，在属性栏的"选择工具模式"选项中选择"形状"，将填充颜色设置为中蓝色（65，136，255），然后绘制一个矩形。
8 选择"直接选择工具" ▷.，在按住 Shift 键的同时选取需要的锚点并向上拖曳，效果如图所示。

9 单击“图层”面板中的“图层蒙版”按钮 ，为图层添加蒙版。选择“渐变工具” ，在按住 Shift 键的同时单击鼠标左键，并从下向上进行拖曳，填充渐变色，效果如图所示。

10 选择“直排文字工具” ，在图像窗口中输入需要的文字。在“字符”面板中设置文字为白色，并选择合适的字体和字号。

11 使用相同的方法分别绘制图形并输入文字，效果如图所示。

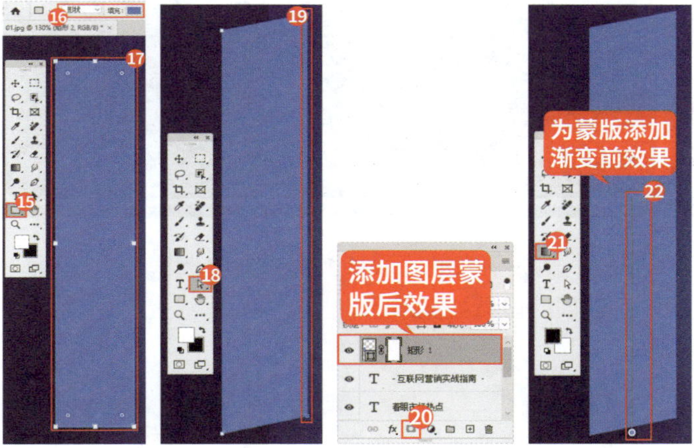

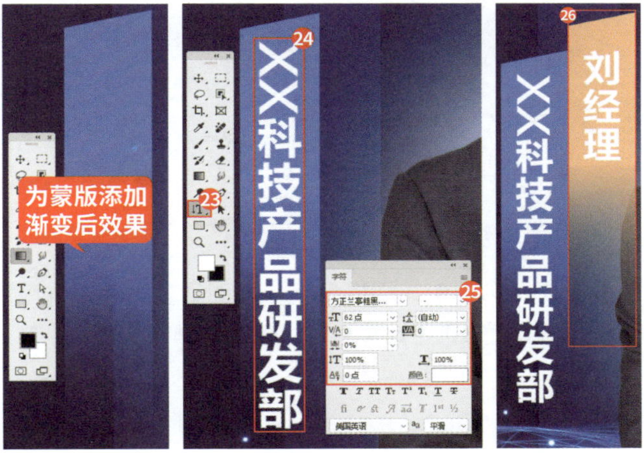

12 选择"矩形工具" ▭ ，在属性栏的"选择工具模式"选项中选择"形状"，将描边颜色设置为白色，粗细设置为 10 像素，圆角的半径设置为 76 像素，然后绘制一个矩形。

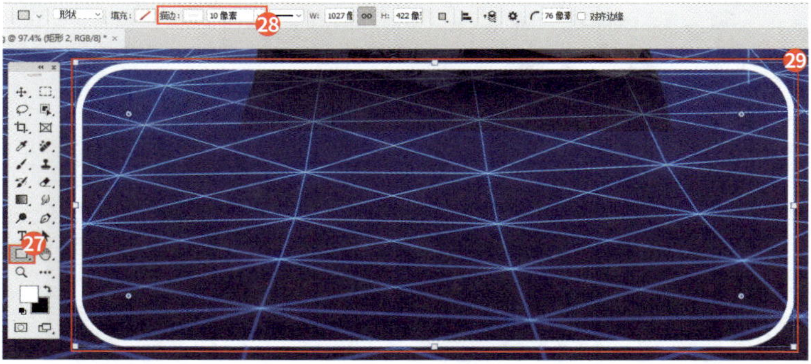

13 单击"图层"面板下方的"添加图层样式"按钮 *fx* ，选择"斜面和浮雕"命令，选项的设置如图所示。

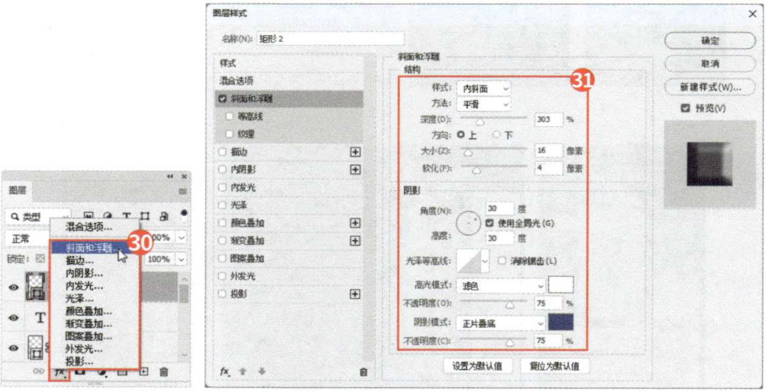

14 选择"外发光"选项卡，切换到相应的对话框。将发光颜色设置为白色，其他选项的设置如图所示，然后单击"确定"按钮。

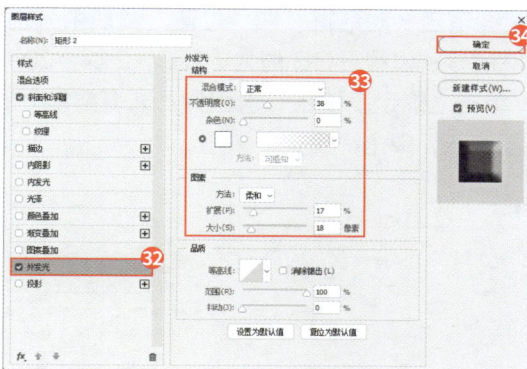

15 选择"横排文字工具" T.，在图像窗口中输入需要的文字。在"字符"面板中设置文字为白色，并选择合适的字体和字号。

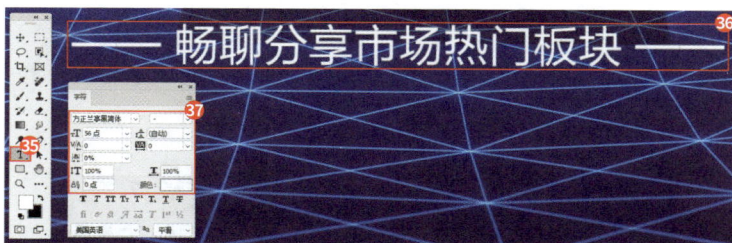

16 单击"图层"面板下方的"添加图层样式"按钮 fx.，选择"渐变叠加"命令，在弹出的对话框中单击"渐变"选项右侧的"点按可编辑渐变"按钮 ▓▓▓▓ 。

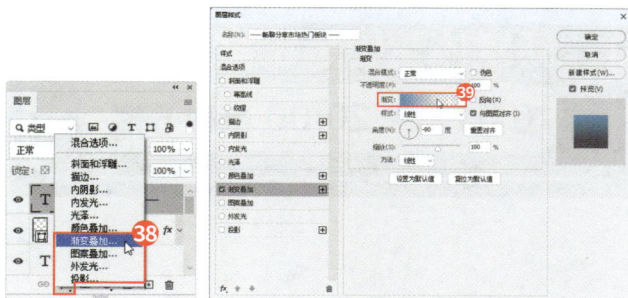

17 弹出"渐变编辑器"对话框，在"位置"选项中分别设置 0、100 两个位置点，然后分别设置 RGB 值为（255，242，207）、（255，213，173），单击"确定"按钮。返回到"渐变叠加"对话框，其他选项的设置如图所示，单击"确定"按钮。

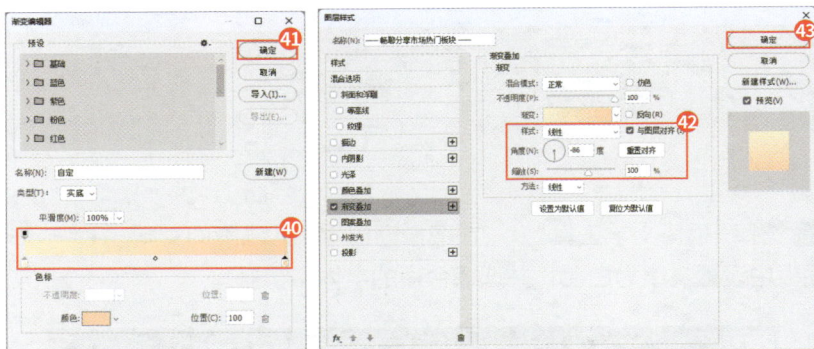

18 使用上述的方法分别绘制形状、输入文字并添加渐变叠加，即可完成商务专业直播封面设计。

6.2　直播贴片：设计与直播内容紧密相连的点睛之笔

抖音直播贴片是指在直播间中展示的各种图片、文字、图标等元素，通常用于展示主播信息、直播预告、产品信息、优惠活动等内容。这些贴片可以通过直播伴侣工具（如快手直播伴侣、抖音直播伴侣等）添加到直播间中，并在直播过程中实时展示给观众。

01　促销贴片：如何优化直播体验的功能标识？

在直播间促销贴片的设计中，贴片的内容要与直播内容相符合，不会显得突兀。信息传达要简洁明了，能够一眼看清，避免过于复杂和混乱。文字上要突出核心卖点，以及活动的优势和特点。

1 启动 Photoshop，按 Ctrl+N 组合键，弹出"新建文档"对话框，设置宽度为 1200 像素，高度为 1200 像素，分辨率为 72 像素 / 英寸，颜色模式为 RGB 颜色，背景内容为透明。单击"创建"按钮，新建文档。

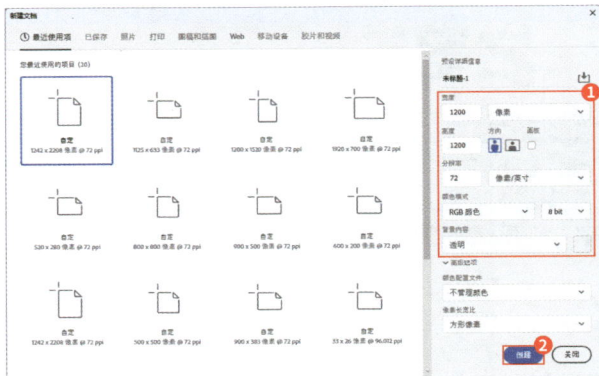

2 选择"矩形工具" ⬜，在属性栏的"选择工具模式"选项中选择"形状"，将填充颜色设置为黑色，圆角的半径设置为 46 像素，然后绘制一个矩形。

3 选择"椭圆工具" ⬭，在属性栏中单击"路径操作"按钮 ⬛，选择"合并形状" ⬓，然后在按住 Shift 键的同时绘制一个圆形。

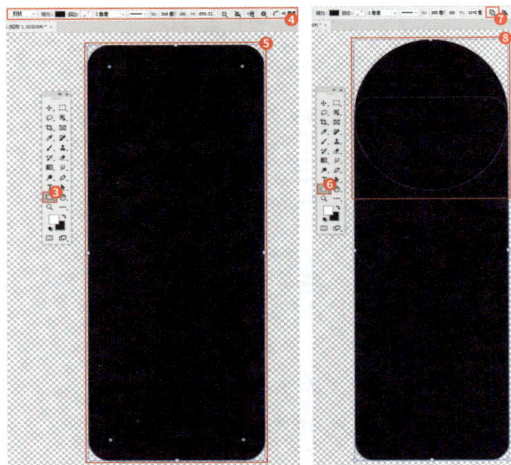

4 单击"图层"面板下方的"添加图层样式"按钮 _fx._ ，选择"渐变叠加"命令，在弹出的对话框中单击"渐变"选项右侧的"点按可编辑渐变"按钮 ▅▅▅▅▅ 。

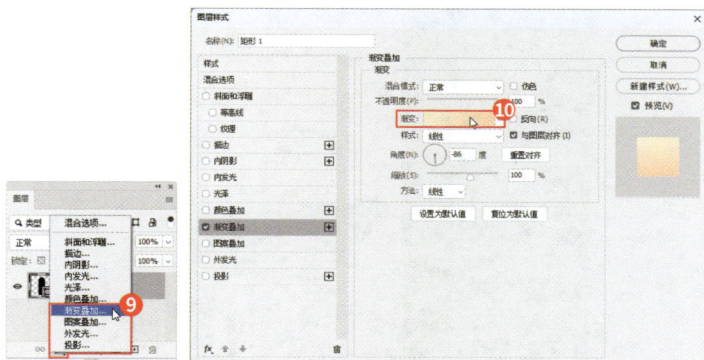

5 弹出"渐变编辑器"对话框，在"位置"选项中分别设置 0、100 两个位置点，然后分别设置 RGB 值为（82，198，86）、（223，222，31），单击"确定"按钮。返回到"渐变叠加"对话框，其他选项的设置如图所示，单击"确定"按钮。

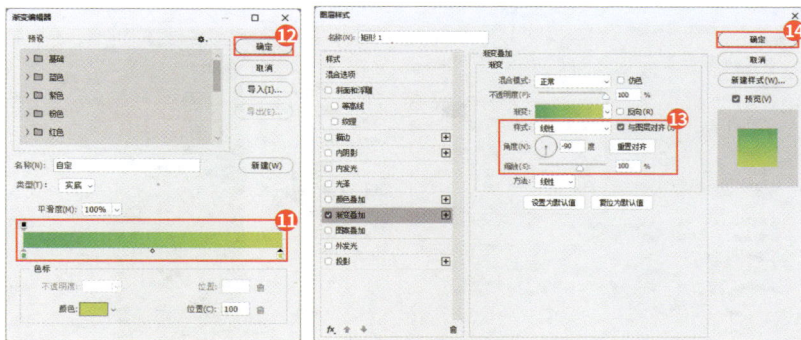

6 按 Ctrl+J 组合键，复制形状，将其拖曳到适当的位置并调整大小。单击"图层"面板下方的"添加图层样式"按钮 _fx._ ，选择"内阴影"命令。

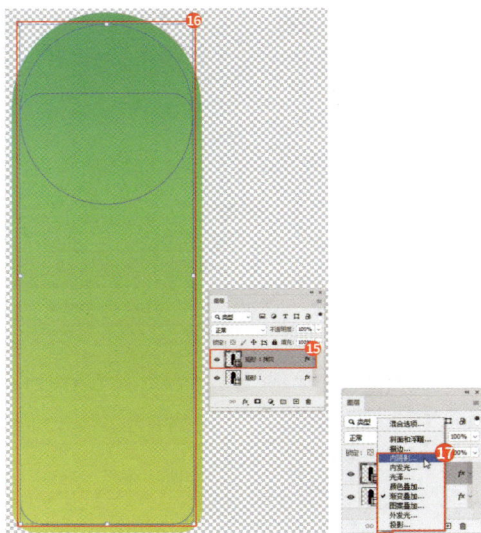

7 在弹出的对话框中将阴影颜色设置为黑色，其他选项的设置如图所示，然后单击"确定"按钮。

8 使用上述的方法绘制一个椭圆形并为其添加渐变叠加，效果如图所示。

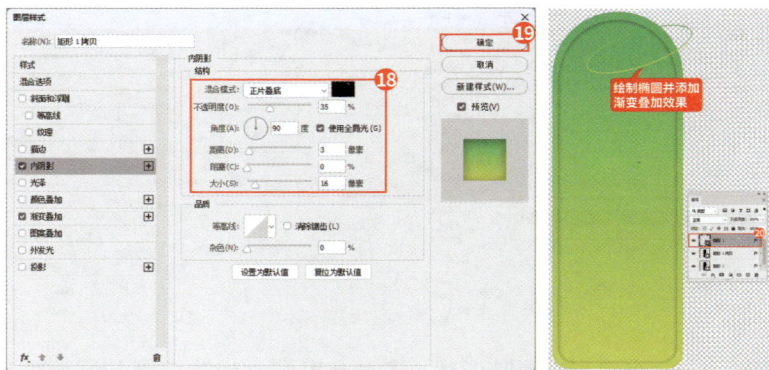

9 选择"横排文字工具" ，在图像窗口中输入需要的文字。在"字符"面板中设置文字为白色，并选择合适的字体和字号。

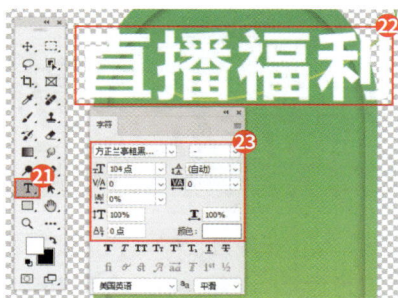

10 单击"图层"面板下方的"添加图层样式"按钮 ，选择"描边"命令，在弹出的对话框中将描边颜色设置为深绿色（0，121，34），其他选项的设置如图所示，然后单击"确定"按钮。

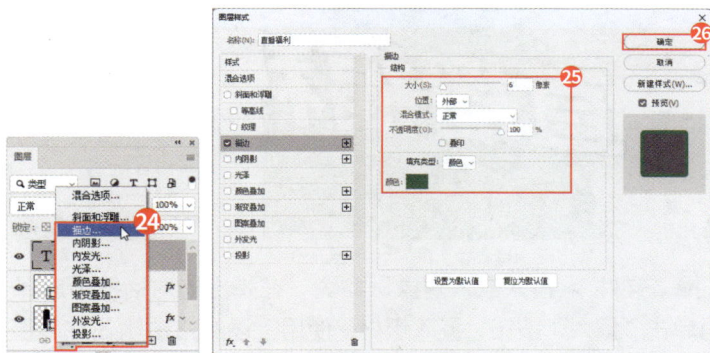

11 按 Ctrl+T 组合键，在文字周围出现变换框，单击鼠标右键，在弹出的菜单中选择"斜切"命令，向上拖曳右上角的控制点到适当的位置。

12 选择"多边形工具" ⬡ ，在属性栏中，将填充颜色设置为白色，边数（或星形的顶点数）设置为 4，然后绘制一个多边形，并将其旋转 45°。

13 按 Ctrl+J 组合键，复制形状。在属性栏中，将填充颜色设置为深绿色（0，121，34），并将其拖曳到适当的位置。

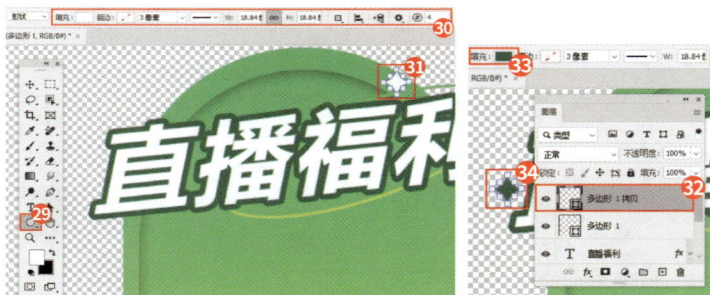

14 选择"文件 > 置入嵌入对象"命令，在弹出的对话框中选择 01 素材，再单击"置入"按钮，置入素材。使用上述的方法输入并调整文字，效果如图所示。

15 选择"矩形工具" ▭ ，在属性栏中，将填充颜色设置为白色，圆角的半径设置为 14 像素，然后绘制一个矩形。

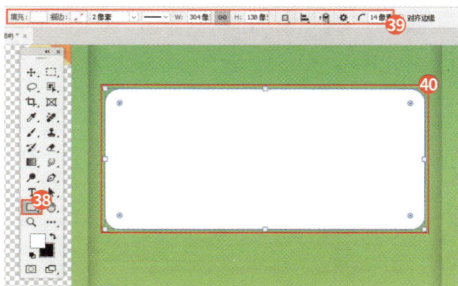

16 单击"图层"面板下方的"添加图层样式"按钮 fx ，选择"投影"命令，在弹出的对话框中将投影颜色设置为黑色，其他选项的设置如图所示，然后单击"确定"按钮。

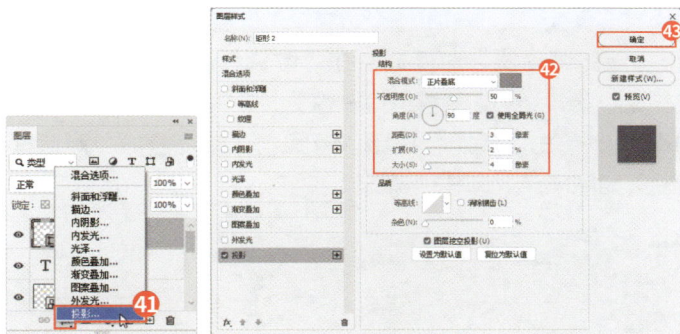

17 再次绘制一个矩形。在属性栏中，将填充颜色设置为黑色，描边颜色设置为白色，粗细设置为 2 像素，圆角的半径设置为 28 像素。

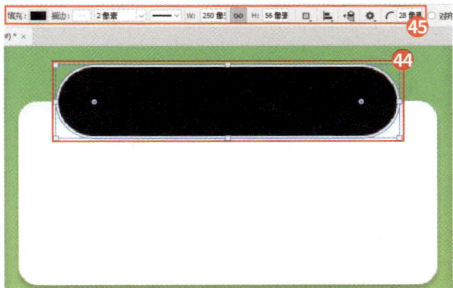

18 单击"图层"面板下方的"添加图层样式"按钮 fx ，选择"渐变叠加"命令，在弹出的对话框中单击"渐变"选项右侧的"点按可编辑渐变"按钮 ▇▇▇ 。

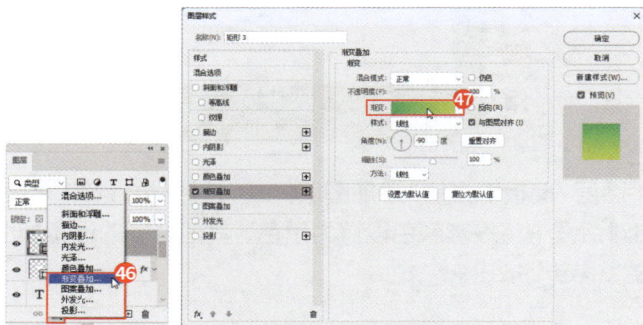

19 弹出"渐变编辑器"对话框，在"位置"选项中分别设置 0、100 两个位置点，然后分别设置 RGB 值为（210，240，82）、（82，219，147），单击"确定"按钮。返回到"渐变叠加"对话框，其他选项的设置如图所示，单击"确定"按钮。

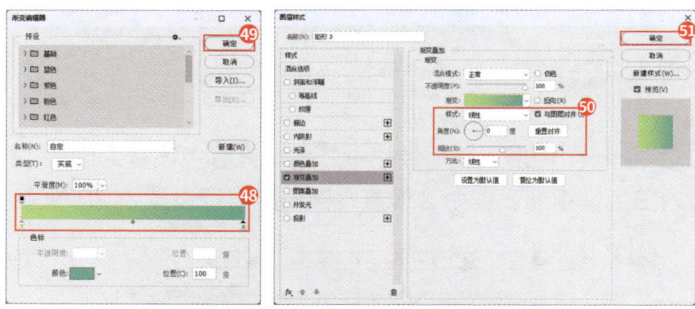

20 使用上述的方法，分别绘制形状并输入文字。然后在按住 Ctrl 键的同时单击"矩形 2"图层，同时选取需要的图层，按 Ctrl+G 组合键，群组图层，并将其命名为"全场"。

21 使用上述的方法分别绘制形状、置入素材并输入文字，制作其他图层组，即可完成促销贴片设计。

02　产品展示贴片：如何助力直播互动？

　　相比纯口播介绍，产品展示贴片通过图文结合的形式，帮助观众快速抓取核心信息，减少理解成本。这些贴片能够伴随主播讲解节奏，实时加载，灵活切换，既可作为商品介绍的补充说明，又能通过醒目的设计吸引观众注意力。

1 启动 Photoshop，按 Ctrl+N 组合键，弹出"新建文档"对话框，设置宽度为 1200 像素，高度为 1200 像素，分辨率为 72 像素 / 英寸，颜色模式为 RGB 颜色，背景内容为透明。单击"创建"按钮，新建文档。

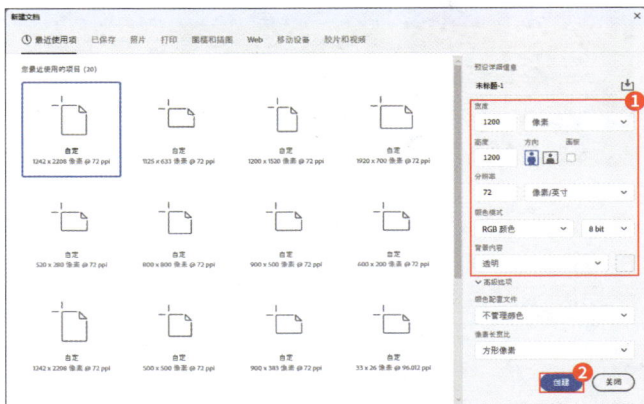

2 选择"矩形工具" ⬜ ，在属性栏的"选择工具模式"选项中选择"形状"，将填充颜色设置为亮蓝色（37，145，255），描边颜色设置为淡黄色（255，221，118），粗细设置为 4 像素，圆角的半径设置为 20 像素，然后绘制一个矩形。

3 选择"文件 > 置入嵌入对象"命令，在弹出的对话框中选择 01 素材，再单击"置入"按钮，置入素材，将其拖曳到适当的位置并调整大小。

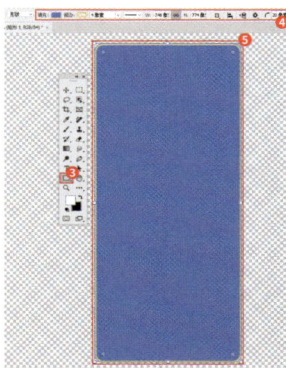

4 选择"矩形工具" ▢，在属性栏中，将填充颜色设置为深蓝色（0，113，229），圆角的半径设置为 20 像素，然后绘制一个矩形。

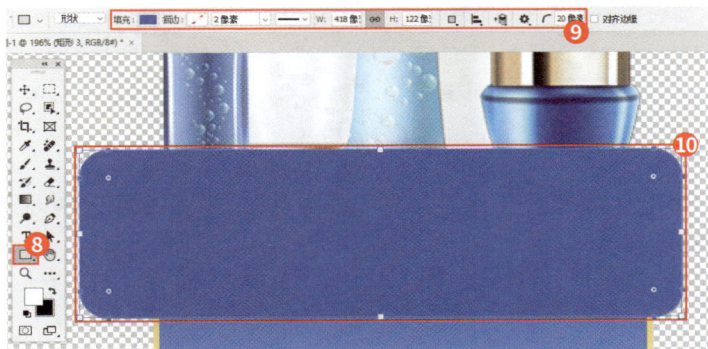

5 按 Ctrl+T 组合键，在形状周围出现变换框，单击鼠标右键，在弹出的菜单中选择"斜切"命令，向右拖曳上方中间的控制点到适当的位置。

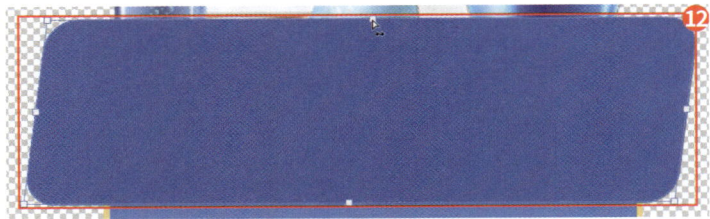

6 按 Ctrl+J 组合键，复制形状，并将其拖曳到适当的位置。单击"图层"面板下方的"添加图层样式"按钮 fx，选择"渐变叠加"命令。

7 在弹出的对话框中单击"渐变"选项右侧的"点按可编辑渐变"按钮。

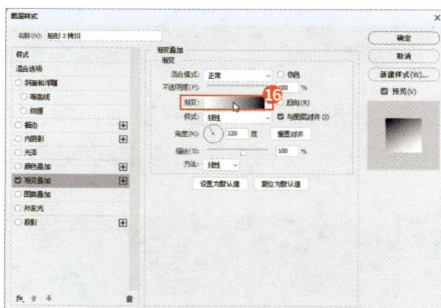

8 弹出"渐变编辑器"对话框，在"位置"选项中分别设置 0、100 两个位置点，然后分别设置 RGB 值为（175，245，255）、（67，160，255），单击"确定"按钮。返回到"渐变叠加"对话框，其他选项的设置如图所示，单击"确定"按钮。

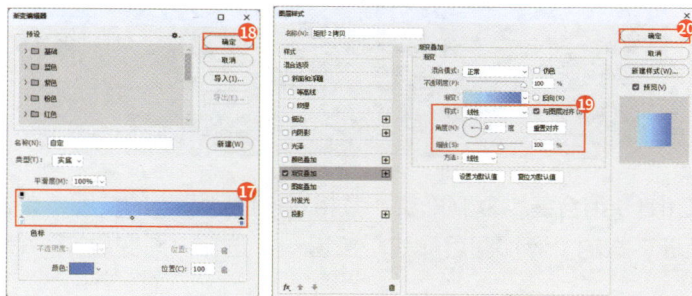

9 选择"横排文字工具" T.，在图像窗口中输入需要的文字。在"字符"面板中设置文字为亮蓝色（37，145，255），并选择合适的字体和字号。使用相同的方法分别输入其他文字，效果如图所示。

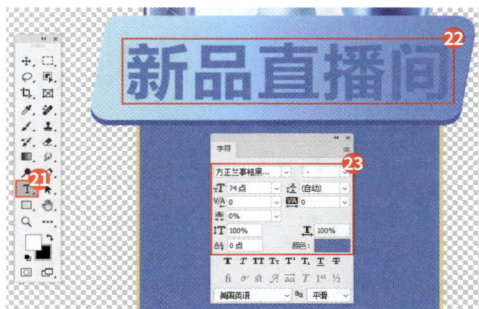

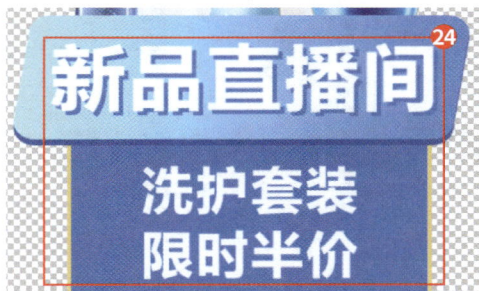

10 选择"矩形工具" □.，在属性栏中，将填充颜色设置为白色，描边颜色设置为白色，粗细设置为 4 像素，然后绘制一个矩形。

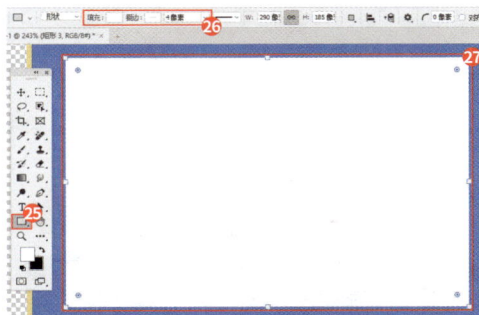

11 选择"文件 > 置入嵌入对象"命令，在弹出的对话框中选择02素材，再单击"置入"按钮，置入素材，将其拖曳到适当的位置并调整大小。按 Alt+Ctrl+G 组合键，创建剪贴蒙版。

12 选择"钢笔工具" ，在属性栏中，将描边颜色设置为白色，粗细设置为3像素，形状描边类型设置为虚线，然后在按住 Shift 键的同时绘制一条直线。

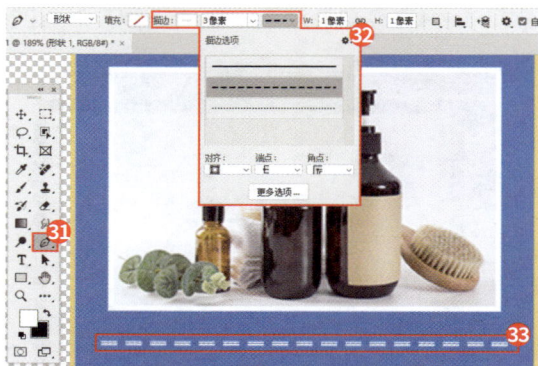

13 使用上述的方法分别输入文字、置入素材并绘制形状，即可完成产品展示贴片设计。

6.3　直播背景：设计营造独特直播氛围的幕后元素

抖音直播间的直播背景是指主播在直播过程中，观众通过屏幕所看到的直播间整体视觉环境，它不仅是主播身后的实体或虚拟场景，更是影响观众第一印象和停留决策的核心要素。

01　年货直播背景：如何设计衬托直播主体内容的画面基底？

在年货直播背景的设计中，需要突出节日氛围，比如使用红色和金色为主色调，同时加入烟花、红包、福字等元素，在素材的摆放上要注意层次感。

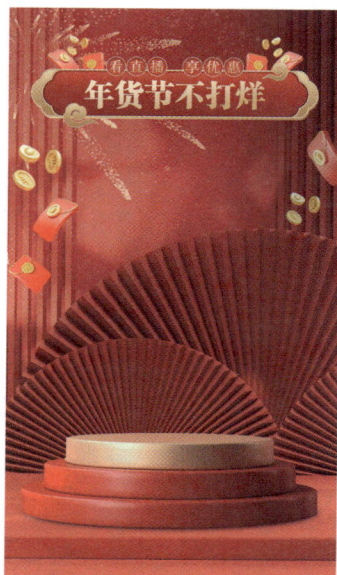

1 启动 Photoshop，按 Ctrl+O 组合键，在弹出的对话框中选择 01
素材，单击"打开"按钮，打开素材。

2 选择"文件 > 置入嵌入对象"命令，在弹出的对话框中选择 02 素
材，再单击"置入"按钮，置入素材。使用相同的方法分别置入 03、
04 和 05 素材。

3 选中"04"图层，在"图层"面板上方设置混合模式为滤色。单击"图
层蒙版"按钮 ▫，为图层添加蒙版。

4 将前景色设为黑色。选择"画笔工具" ✐，在属性栏中选择合适的大小，然后在图像窗口中进行涂抹，擦除不需要的部分。

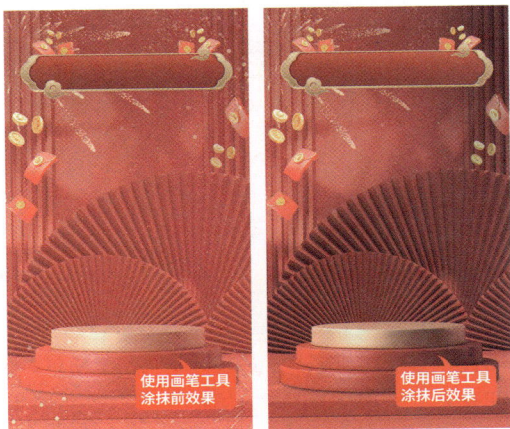

5 选中"05"图层。选择"横排文字工具" T，在图像窗口中输入需要的文字。在"字符"面板中设置文字为黑色，并选择合适的字体和字号。

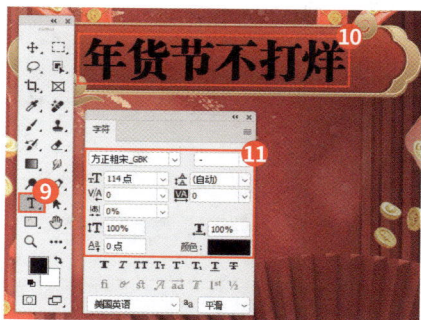

6 单击"图层"面板下方的"添加图层样式"按钮 fx，选择"渐变叠加"命令，在弹出的对话框中单击"渐变"选项右侧的"点按可编辑渐变"按钮。

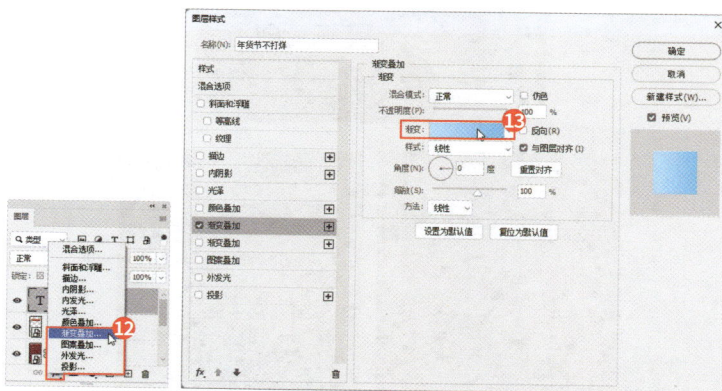

7 弹出"渐变编辑器"对话框，在"位置"选项中分别设置 0、100 两个位置点，然后分别设置 RGB 值为（255，237，198）、（225，181，110），单击"确定"按钮。返回到"渐变叠加"对话框，其他选项的设置如图所示，单击"确定"按钮。

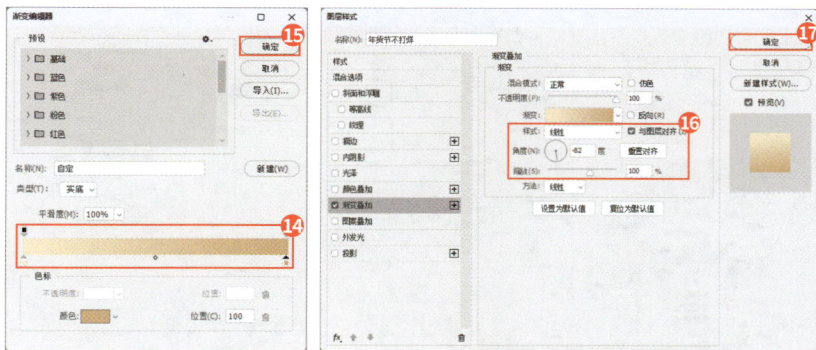

8 选择"椭圆工具" ○,，在属性栏的"选择工具模式"选项中选择"形状"，将填充颜色设置为红色（224，56，49），描边颜色设置为淡黄色（255，237，198），粗细设置为 2 像素，然后在按住 Shift 键的同时绘制一个圆形。

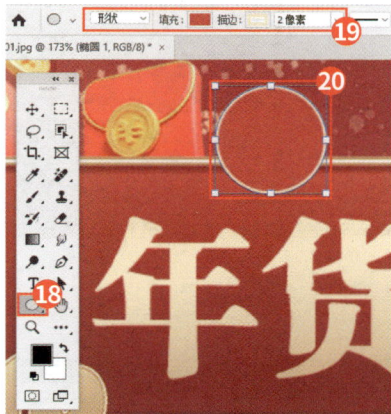

9 单击"图层"面板下方的"添加图层样式"按钮 ⨍,，选择"内阴影"命令，在弹出的对话框中将阴影颜色设置为黑色，其他选项的设置如图所示，然后单击"确定"按钮。

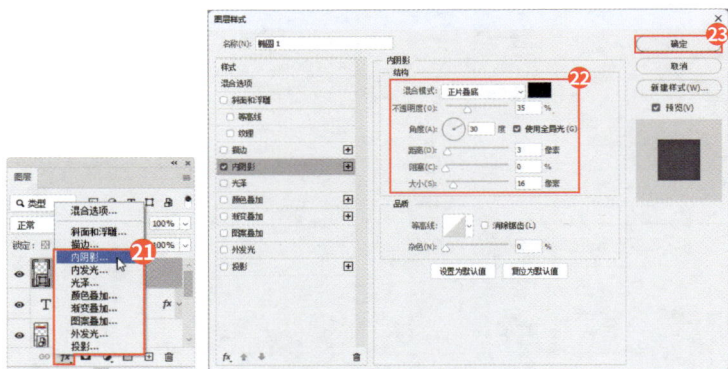

10 按 Ctrl+J 组合键，复制形状并将其拖曳到适当的位置。使用相同的方法复制多个形状并调整位置。使用上述的方法分别输入文字并添加渐变叠加效果，即可完成年货直播背景设计。

02 夏日服饰直播背景：如何设计辅助直播内容的视觉依托？

在夏日服饰直播背景的设计中，主色调可以使用蓝色、绿色、白色等色彩，搭配渐变或柔光效果，呼应夏日清爽服饰主题。同时，可以选用游泳圈、虚拟海滩等装饰元素，突出服饰的度假感。

1 启动 Photoshop，按 Ctrl+O 组合键，在弹出的对话框中选择 01 素材，单击"打开"按钮，打开素材。

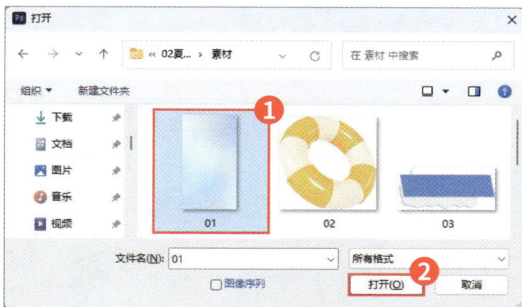

2 选择"文件 > 置入嵌入对象"命令，在弹出的对话框中选择 02 素材，再单击"置入"按钮，置入素材。使用相同的方法分别置入 03 和 04 素材。

置入 02、03 和 04
素材后效果如图

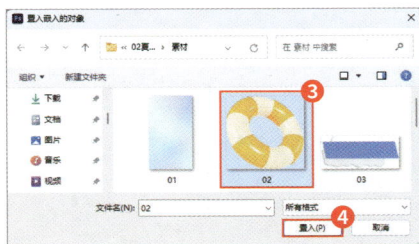

3 选择"横排文字工具" T，在图像窗口中输入需要的文字。在"字符"面板中设置文字为白色，并选择合适的字体和字号。使用相同的方法再次输入文字，效果如图所示。

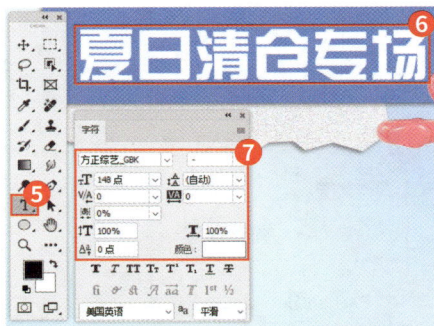

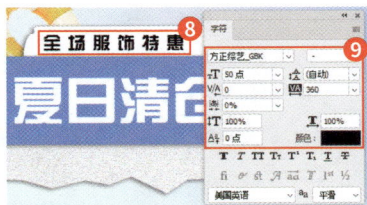

4 选择"钢笔工具" ∅，在属性栏的"选择工具模式"选项中选择"形状"，将描边颜色设置为黑色，粗细设置为 3 像素，然后绘制形状。

5 选择"矩形工具" □，绘制一个矩形。在属性栏中，将填充颜色设置为暗黄色（255，218，80）。

6 选择"横排文字工具" ，在图像窗口中输入需要的文字。在"字符"
面板中设置文字为黑色，并选择合适的字体和字号。

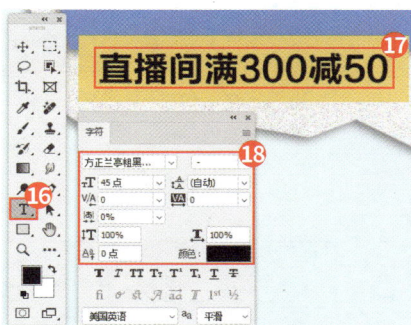

7 在按住 Ctrl 键的同时单击"矩形 1"图层，同时选取两个图层。按
Ctrl+T 组合键，在形状周围出现变换框，然后将其旋转到适当的角度。

8 使用相同的方法绘制形状并输入文字，效果如图所示。

9 选择"矩形工具" ▢，在属性栏中，将填充颜色设置为白色，描边颜色设置为白色，粗细设置为 4 像素，圆角的半径设置为 28 像素，然后绘制一个矩形。

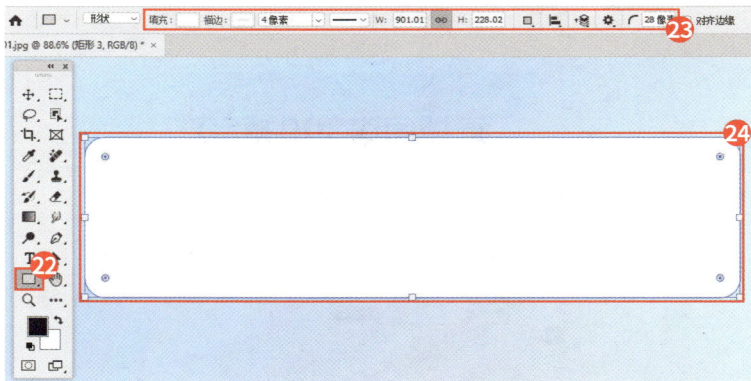

10 在"图层"面板上方设置填充为 60%。单击"图层"面板下方的"添加图层样式"按钮 *fx.*，选择"投影"命令。

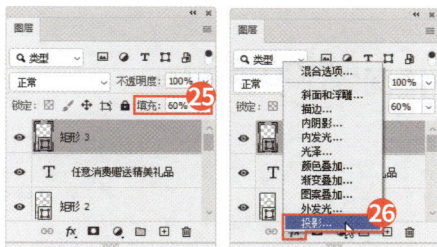

11 在弹出的对话框中将投影颜色设置为天蓝色（129，223，255），
其他选项的设置如图所示，然后单击"确定"按钮。

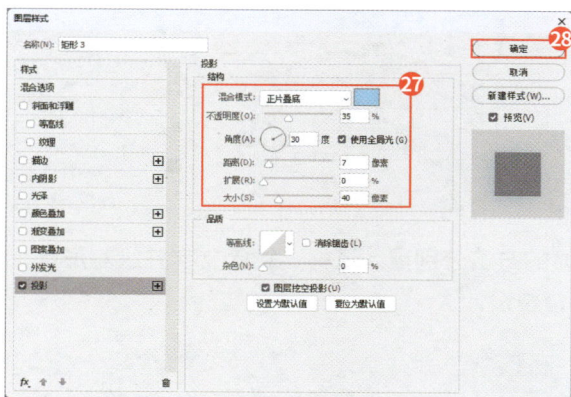

12 选择"文件 > 置入嵌入对象"命令，在弹出的对话框中选择 05 素材，
再单击"置入"按钮，置入素材。

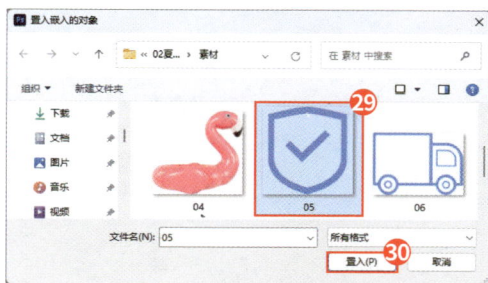

13 选择"横排文字工具" T.，在图像窗口中输入需要的文字。在"字符"
面板中设置文字为中蓝色（86，164，254），并选择合适的字体和字号。
14 选择"钢笔工具" ∅.，在属性栏中，将描边颜色设置为中蓝色（86，
164，254），粗细设置为 3 像素，然后在按住 Shift 键的同时绘制一
条竖线。

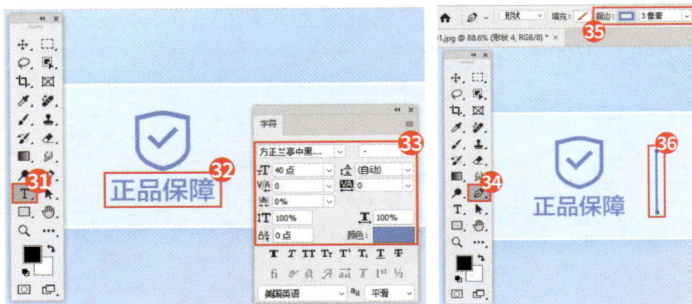

15 使用上述的方法分别置入素材、输入文字并绘制形状，即可完成夏日服饰直播背景设计。